活出意義

10 項讓人生大躍進的卓越思考

THE CODE OF THE EXTRAORDINARY MIND

10 Unconventional Laws to Redefine Your Life and Succeed On Your Own Terms

維申‧拉克亞尼 *Vishen Lakhiani* —— 著　　曾婉琳 —— 譯

獻給我的家人，克莉絲緹娜、海登和依芙，
你們是我一生最珍貴的寶物。
以及我們的父母，莫罕和露碧、維爾戈和伍珀芙，
謝謝您們允許我們打造屬於自己的信念，並質疑那些胡扯規則，
甚至願意讓我們從小就這麼做。

目錄 | CONTENTS

前言
非典型思考，才能打造非凡人生

「我認為平凡的人也可能選擇做不平凡的自己。」

——伊隆‧馬斯克 (Elon Musk)

　　我準備好要上台演講了，這是一場在加拿大艾柏塔省卡加利市舉辦的特別活動。主辦方安排我在最後登場——通常是最默默無聞的講者的時段。而在我之前，有達賴喇嘛尊者 (Dalai Lama) 揭開整個活動的序幕，然後是戴克拉克先生 (F. W. de Klerk) 上台演講，他是諾貝爾和平獎得主，也是前南非總統；接著拿起麥克風的是英國維珍集團創辦人理查‧布蘭森爵士 (Sir Richard Branson)，還有鞋業電商 Zappos 的執行長謝家華先生 (Tony Hsieh)。

　　其實我算是來這陪襯的，因為主辦方需要填補場次空缺，但經費有限，只請得起像我這種談不上有什麼觀眾號召力的講者。

　　那年的我三十三歲，第一次面對這麼多聽眾，看著他們引頸期盼的樣子，真的很緊張。為了安撫自己，我還在大廳酒吧偷灌了一小杯伏特加。我身上穿的牛仔褲已經磨損得很破舊，連襯衫都沒紮好，真是一個時尚品味可怕的講者。

　　那次我分享了一個對我來說非常珍貴的想法——關於人們看待人生、目標、幸福快樂和意義的方式。演講結束後，我看到了聽眾臉上的笑容和淚水。更令我驚訝的是，我被票選為最佳講者。這可不得了了，

相較前面那些講者們擁有的名氣，我就只是個演講菜鳥！

那天我分享了如何活出卓越人生的意義，這種人生無法憑藉機運或努力獲得，卻也不是一種多特殊的技巧。我分享的是一套適合所有人的方法——只要你學會了這種原理——你的人生將從此不同凡響。

這些點子已經在無數人們的身上獲取成效。世界各地的學校已經用這套來教育學生，企業也用來訓練員工，甚至有許多人，無論他們身處在哪一個國家，都已經用這些方法找到生命中的意義和幸福。這是我經過多次實驗和失敗，並仔細觀察全世界成就卓越的頂尖人士，最終歸納出來的原理。

那場近一小時的演講影片，在 YouTube 的觀看次數已經累積近五十萬次之多。有人建議我將其寫成一本書，但我當時覺得自己尚未準備好，我離出書還遠得很呢。

三年後，我在英屬維京群島的內克島參加派對。我趁機向理查·布蘭森請益為何他和其他傑出人士能如此成功的一些想法和理論。然後布蘭森對我說：「你應該寫一本書。」布蘭森不僅是我景仰的創業家，自從看完他的自傳書籍《維珍旋風》(*Losing My Virginity*) 後，他也是我最愛的作者之一。這句話推了我一把，讓我開始構思寫這本書。但等到我把第一章寫完，時間已經又過了三年。現在終於有機會把這本書分享給讀者了。

這不是一本虛構勵志書，也不是典型的成長書。本書的設計和撰寫方式，是為了傳播真正的重要的觀念（比方說成功的關鍵，以及找到人生意義和幸福快樂），並整理成淺顯易懂的架構和模式，讓所有人都能學會。

這些觀念真的有效。我絕非天賦異稟之人，但我卻能用這些方法，

完成許多看似不可能的目標，成就自己的人生意義，像是：

- 用自己的興趣所學，成就自己的事業。Mindvalley 不靠銀行融資或創投扶植，卻能成為一個擁有五十萬名學員，超過二百萬名訂閱戶的成功企業。並獲得來自四十個以上不同國家員工的喜愛與支持。《Inc.》雜誌在 2010 年，將我們票選為職場環境優良的全球最酷辦公室之一。每年，我們還會在世界各地舉辦「A-Fest」個人成長盛會，同樣廣受全球民眾熱情參與。
- 獲得覺醒與改變，從此轉變我的人生意義。
- 與我深愛的人共結連理，養育兩名可愛的孩子。
- 成為一個有能力號召募捐，並捐助慈善事業超過上百萬美元的人。
- 當然也要感謝羅達爾公司 (Rodale Inc.)，讓我有機會寫下這本書。

我的人生實現了許多夢想，但原本的我，也不過就是個在馬來西亞長大的美籍理工宅男，而且還總是莫名自卑。我曾差點被密西根大學退學。畢業不到兩年，我已經兩度被炒魷魚、兩度創業失敗，甚至多次瀕臨破產危機。二十八歲那年和我妻子一起搬回老家，小心翼翼地經營 Mindvalley 這個剛萌芽的事業。

在卡加利市演講的一年前，我甚至不敢說擁有自己的事業就是達成人生目標，創業所累積的債務比我受雇於他人時還多。

雖然我的起點很肥皂劇，但我在三十二歲時迎來了一場大轉變。就在我開始持續使用我即將於本書中提到的獨門祕訣後，短短幾年內，人生就完全不同了。現在我也將幫助你們跨出自己的平庸枷鎖。

簡單來說，這項技巧就好比想像自己是一塊海綿，知道方法後，你

從此就能簡單汲取所有人的知識和智慧，然後「編碼」這些想法，從而建構出截然不同的世界。

・・・

我其實不太想說這是本個人成長書，更像是一本先把你瓦解再重生的人生改造書。或許你總覺得生活庸碌平庸，而這本書將鼓勵你重新思考種種人生層面。

翻開了本書的幾個月之後，你可能發現自己不再恪守某些特定觀念，對人際關係、職業、目標和精神信念都可能有所不同。因為你終於了解到許多信念和過去的決定都不是出於自己的選擇——而是一種黑箱作業。

本書將改變你的世界觀，教你有意識地重新顛覆這個世界，帶動自我覺醒，使你無法再「漠視」自己。

本書除了以上概念之外，它還有幾項特色：

創造全新的名詞：我將介紹二十多個全新概念來顛覆你的思考模式，而這些會需要新的名詞來定義它們。文字是把利劍，能影響我們的世界觀。一旦學會了這些名詞，你對特定事物的看法也會有所不同。

專屬線上體驗與互動學習平台：作為本書的延伸，我開發了一個英文的可付費應用程式，包含好幾個小時的額外內容、練習、課程等。另外就是作為一個創新的讀者／作者交流互動新平台，正如開頭所說，這是一本質疑人生的書籍，所以傳統網路互動模式也是我的質疑要點。這可是全球首例，你可以跟其他讀者互動、分享想法，甚至用行動裝置或電腦登入線上體驗，就能直接跟我聯繫。或許這會讓這本書成為史上最科技化的書籍之一。以上項目都可以在 www.mindvalley.com/extraordinary 中註冊搜尋。

永續的學習方法：我稱這本書裡的學習過程為「意識工程」，你將從中學習並升級你的生活系統。此外，我將教你可以一直使用的學習法，未來當你閱讀任何一本個人成長類書籍時，你都能更快速領悟並吸收其知識精髓。

啟發式寫作風格：那些我認為最具意義的對話，往往發生在與好友敞開心胸暢所欲言的時候。每當我們聊起人生和事業，我很喜歡在餐巾紙上，描繪當下的種種想法。我把這個習慣也帶到了這本書裡，你會看到有許多插圖、個人故事，都是我畫在餐巾紙上的手稿。我從來沒想過會公布這些手稿，但現在我把它們收錄在這本書裡，希望讀者可以從我曾經的錯誤經驗中得到更多借鏡和領悟。

名人智慧集結：本書包含了長達二百小時，與許多世界知名人物的訪談內容。雅莉安娜·赫芬頓 (Arianne Huffington) 和狄恩·卡門 (Dean Kamen) 協助我編輯本書。我與理查·布蘭森 (Richard Branson)、彼得·戴曼迪斯 (Peter Diamandis)、麥可·貝克維 (Michael Beckwith) 及肯恩·威爾伯 (Ken Wilber) 等人的一對一討論和訪談，也通通收錄在本書裡。我甚至還（透過我的妻子）向達賴喇嘛提問。然後整合成一套卓越法則，相信我們都能從這些傑出的男性和女性身上學習。

思維轉換四部曲：你我的時間都很寶貴，而且我也不喜歡花一整本書的篇幅只為了解釋一個再簡單不過的概念。所以我並不打算只著墨於一種想法——對忙碌又領悟力高的讀者來說，閱讀那樣的書籍挺浪費時間的。這本書可是貨真價實的知識，一共分成四大部分，內容既言之有物，亦言簡意賅。每一個部分既可以獨立閱讀，同時也形成一套完整的人生哲學。期望能讓讀者在最少的時間內，用最有趣的方式獲取最豐富

的智慧。

告別無意義人生的十項卓越法則

我們的世界有一套無形的運轉程式，規範了人們該如何與他人互動、敬神、與父母親相處、職場表現、戀愛、賺錢，以及維持健康及快樂等。我的第一份工作是成天盯著螢幕想程式的資訊工程師，而現在吸引我注意力的是人類世界的運轉程式，一套可重新編碼的程式。

以下將介紹思維轉換四部曲，以及隨時延伸出來的十項人生意義法則。你將隨著各階段而擴展出不同程度的覺醒，如圖所示，由外再至內心，去探索以下四階段。

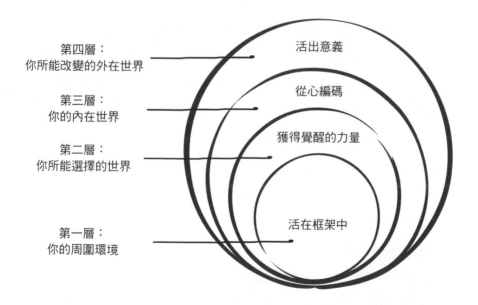

第四層：
你所能改變的外在世界 ── 活出意義

第三層：
你的內在世界 ── 從心編碼

第二層：
你所能選擇的世界 ── 獲得覺醒的力量

第一層：
你的周圍環境 ── 活在框架中

第一部：你活在框架中嗎？ 世界如何把你模組化

　　我們身處的世界是一切規範和框架的起點，人們為了安全和方便管理，發明出那些混亂又矛盾的想法、信仰及模式。而最大的問題是，這些早就過時無用了。你將在第一部中學會質疑這個世界的規則——無論是關於信仰，抑或是你對職業和教育的觀念。然後，我將介紹本書的第一項和第二項卓越法則。

　　一、**勇敢突破陋習**：首先要探討的是人類社會中，那些錯綜複雜的集體規則、信念和習慣，教你該如何生存並規劃人生，以及該如何定義成功和快樂。那些世俗常規是通往平庸安逸人生的單程票，但我希望你跳上另一台車，開往一條充滿機會、未知及冒險的自由人生之路。我們將先從幾個煩心的問題，展開這趟旅程。

　　二、**別再抱著過時觀念不放**：學會如何分辨那些是早已過時，卻揮之不去的胡扯規則。就像整理衣櫥，總要先斷捨離，才有空間掛上新的衣服。許多人生先驅者都是從質疑胡扯規則開始轉變自己人生的，所以一旦你明白了那些胡扯規則其實是我們人生的綁匪，限制了我們的創意和成長，你也將開啟自己的轉變。

第二部：覺醒的力量——選擇自己的人生版本

　　你已經學會了對陋習常規要有所質疑，接下來你要學習選擇適合你自己的規則。你會相信那些想法和價值觀？那些是你無法接受的？你將學會有意識地打造自己的人生信念、嗜好和習慣，同時拋開不再需要的老舊教條。我稱這個過程為「意識工程」。

三、**意識的鍛鍊工程**：你會在這一章節裡，學習做自己信念的駭客，深入內心去找出問題框架，並藉由這個自我成長與覺醒模式，打造一個全新的自己。

四、**重塑你的現實認知**：許多深植於你腦海中的信念，其實就是對自己不自信的根本原因，除了讓你自怨自艾以外毫無益處。你會在這裡學會如何一掃那些令人沮喪的念頭，並灌輸自己充滿活力且積極的想法。這個世界是一面鏡子，你怎麼去想它，它就會是什麼樣子，是時候改用卓越思考來改變這個世界了。

五、**升級自己的生活系統**：生活系統就是你的日常習慣，包含了飲食、工作、養育子女。我們隨時隨地都能發現嶄新的生活系統，但這些新的生活系統卻未納入正規的教育體系，所以大部分人正在使用的生活系統，比方說該如何學習、友愛、工作、思考和養育子女，都很老舊，甚至會帶來傷害。你將學會策劃並安裝升級版的生活系統，讓你成為更理想版本的自己。

到這裡為止的內容，都是關於你該如何立足於外在世界，以及該如何打破常規，從而創造有助自我成長和快樂的新規則。接下來，我們要探索內在世界，建立更美好的內心平衡與秩序。

第三部：從心編碼──改造你的內在世界

我們將探討如何破解意識迷思，包括改變你對人、快樂的想法，以及為什麼我們要追求有意義的人生。我們將學習到如何從意識形塑體驗──我稱這為「變通現實」。

六、**變通現實**：最理想的人生是掌握幸運之鑰並過著無憂無慮的生活，我見過許多卓越的人士，都是過著這般的生活。有些人是

僧侶，有些是億萬富翁。經過剖析他們的生活型態，我相信你有一天也會獲得這般的生活。

七、**幸福紀律的練習**：快樂是能夠掌握的。人們可以學習一套讓生活感到幸福自在的美妙技巧。我們會探討為什麼快樂會難以捉摸。接著我會再分享一些能解開快樂以及其他正面情緒祕密的方法。

八、**創造未來願景**：大部分的人都受到胡扯規則的奴役，去追求錯誤的目標。我認為主流社會所景仰的目標，也大多很無用。所以我要告訴你如何設定目標，才能為你帶來真實且深刻的快樂、創造自己人生的意義，以及過著精采又有明確目的的人生。

第四部：成就卓越——活出自己的人生意義

此時的你已經懂得建立專屬自己的規則，做自己內在世界的主人——接下來你將運用最後兩個法則，提取自己內外在的力量，推著世界往前行，並帶來正面的影響。

九、**成為所向披靡之人**：你會學到如何擁有堅強的內在。他人的批判、內心的害怕失去都將無法搖動你。今後的你將無所畏懼。改變世界絕非易事，這一章將教你如何在風雨般的人生堅定前行。

十、**活出專屬你的意義人生**：我們終於來到了第十章。你將超越自己，實際改變這個世界。你將繼續探究人生，當你找到了人生的任務（我當然會教你該怎麼做），便是你活出新意義的旅程開端。

完成十個章節後，本書額外還有兩個附贈篇幅，可幫助你天天練習在這本書中所學到的想法、工具和技巧。希望能鼓勵你，在人生的道路

上繼續學習。

額外附贈：人生工具箱

練習超越世俗：我將教你一項每天只要二十分鐘的練習，叫做「六階心法」。這是一種心靈練習，可以幫助你紮穩卓越脫俗的基礎，並加速自我覺醒。這是我目前發現到，最有效的自我成長及個人生產力工具之一。

卓越法則懶人包：我把所有的重要工具和練習都濃縮成一個懶人包，讓你直接應用在人生中。

你也可以下載我的應用程式進行這兩個附贈訓練，或者是透過程式觀看更詳盡的採訪影片，找到更多可以應用的練習模組。我也歡迎你加入線上學習社群，和我保持聯繫，並與其他讀者分享：www.mindvalley.com/extraordinary。

開始大步向前

本書所提及的想法及概念，是我多年來與許多專家合作的經驗集大成，我知道你非常努力想得到成功、感到快樂或找到目標，讓我用這些工具來助你一臂之力。我親身運用過這些方法，也透過線上課程、應用程式和演講等方式，在世界各地幫助過數不清的人了。

現在，請讓我助你一臂之力，徹底翻轉你對這個世界的理解，以及你在這個世界中的角色。隨著每一章節的推進，讓你從此自由自在地，在人生的道路上大步前行。

那麼現在，就讓我們開始吧！

第一部

你活在框架中嗎？

世界如何把你模組化

　　人類社會是由人文、思想和經驗匯流而成的一片汪洋，而我們都是徜徉其中的魚兒，汪洋裡有迷人美景，也有暗潮洶湧的角落。魚或許是最後一個發現自己原來游在水中的，人類往往也是臨到最後才看得清全貌——我稱之為世俗常規——已經徹底滲透並影響所有人的生活。

　　世俗常規制訂了人類該如何去愛、飲食、嫁娶、獲得工作甚至建立自我評估標準。沒有大學文憑可以嗎？是否該結婚生小孩了？該不該有宗教信仰？哪種工作比較好？

　　現在，是時候去深入了解，這些你從沒細想過的舊習有多荒謬了。

　　在第一章，你將發覺世俗常規如何運用一連串的「應該」，來統治你的人生。你應該做這件事、你應該這樣生活……你會驚覺，少了那些「應該」的生命原來如此美妙，就好比馳騁在無邊無際的人生草原。

　　第二章是如何找出正在阻礙你的過時規則，改塑自己的人生並開啟嶄新的一頁。我們會檢視一些關於工作、精神、文化和生活等最令人鬱悶難受的常規，藉由自我問答的方式，將這些規則去蕪存菁。

　　這會是趟有趣又有點叛逆的旅程，我們甚至會挑戰一些超過二千年的經典思想；但在結束這段旅程後，你將發現世界開始不同，並開始走入一個以全新的角度去建構的真實世界。

第1章

勇敢突破陋習
學會質疑那些老舊規則

「長大後，你往往會被告知世界就是這樣，生活就是在這個框架裡求生存。少去挑戰這堵牆，試著過美好的家庭生活，玩開心點，節省一點，多麼綁手綁腳的人生。然而，只要你認知到一項簡單的事實，生命就會更加遼闊，這個事實就是──你現在所謂的生活，都是由不比你聰明的人創造出來的，而你可以改變它，也可以影響它……一旦你明白這點，你就不再只是原來的自己了。」

──史帝夫‧賈伯斯 (Steve Jobs)

　　我站在一片可以凝望華盛頓湖畔美景的草地上，身後豎立著一棟氣派的宅邸，耳邊傳來人們愉悅交談的聲音，以及酒杯碰撞的清脆聲響，空氣中盡是美味的烤肉香。

　　豪宅的主人是比爾‧蓋茲 (Bill Gates)，全球最富有人士之一，更是創立科技業龍頭微軟公司 (Microsoft) 的傳奇人物，此刻他正在與其他賓客聊天。

　　那年的我是剛加入微軟的二十二歲實習生，進去沒幾個禮拜便有幸參加公司在比爾‧蓋茲家裡舉辦的新人歡迎會。在那個時候，能進微軟是多麼風光的事，就好比是在現今當紅的蘋果公司 (Apple) 或谷歌

(Google) 上班一樣，而我是其中的一分子！

　　空氣裡瀰漫著澎湃的情緒——我們像是霍格華茲的新生第一次見到鄧不利多校長似的激動。

　　我為了這個激動時刻努力了許久，首先是拚出一份優異的高中成績單，好讓我能擠進全球最頂尖的密西根大學工程系窄門，然後要攻讀電機工程學和資訊工程學。小時候，我在馬來西亞住了十九年，跟其他亞洲國家一樣，家人和老師往往期盼像我這般聰明的孩子能成為一名工程師、律師或醫生等工作才有前途。

　　但不幸的是，資訊工程學是我最害怕的一門課。我其實想當攝影師，或是一名舞台劇演員，所以我唯二拿到 A 的課程就是攝影和表演。然而當時的社會不會讓我去做那些工作，於是我放棄了夢想。畢竟現實面是，我必須拚完工程學，拿到好成績，日後才能有好工作；當個朝九晚五的上班族，多存點退休金，照表抄課地成為「成功人士」。

　　我也確實走在成功的路上了：有幸拜訪蓋茲先生的家，進入微軟後還見證了公司的全盛時期，這實在是不可奢求的人生際遇。我的大學教授為我高興，父母也以我為榮。無數個埋首苦讀的夜晚以及家人的犧牲奉獻終於有了代價。他們要求我去做的事情，我終於完成了，而且職涯前景一片看好。

　　不過，我心底知道有個問題一直存在。

　　1998 年夏天，我碰上了兩件大事：第一件是我終於走完了漫長的求學之路；第二件是我很痛苦地發現自己原來選錯了路。

　　我根本不喜歡這份工作，成天不是盯著螢幕看，就是在倒數下班時間，即便蓋茲先生現在就站在離我不遠處，我也因為不喜歡這份工作的羞愧感而不敢上前去跟他打招呼，我覺得自己不屬於這裡。

過不了幾週，我便辭職了。

好吧，是公司辭退我。

我沒有勇氣主動提辭呈，畢竟一個取得頂尖資訊工程學位，過關斬將才拿到這份工作的人，如果主動提離職會傷了很多人的心。

所以我故意混水摸魚，在上班時間玩電玩然後被主管抓到好幾次後，終於把他逼到主動請我走人。正如他們說的，被解雇是我咎由自取。

我重回校園，渾渾噩噩地混到畢業，對未來毫無頭緒，甚至懷疑自己怎麼會蠢到放棄微軟這個大好機會。

但最終，離開那裡反倒是個很明智的選擇。我辭掉的不僅是一份工作（和一個光明前程），而是拒絕讓自己成為這個社會牢籠的盲目隨從。

人生沒有必勝公式

我選擇走自己的路，不是因為當工程師不好。我當時覺得（現在我的想法也沒變），為了遵守社會規矩，然後勉強自己做沒熱情的工作是很不對的想法。

然而，大部分的人都是這樣過的；一項訪問超過十五萬名美國人的蓋洛普研究顯示，70% 的受訪者對工作提不起勁。人的一生裡，很大部分的時間是在工作，而工作熱情的缺乏也可能導致我們對生活喪失熱情。不過，我們不只是對職涯抱持錯誤的觀念，對生活上也可能如此，以下提供一些統計數據：

■ 40% ～ 50% 的美國婚姻以離婚收場。
■ 一份哈里斯民調顯示，只有 33% 的美國人認為自己「非常快樂」。

■ 根據美國 CNBC 新聞的報導，每十人中就有八人負債，而且最常見的負債來源是房屋貸款。

■ 美國疾管局也提醒過，超過三分之一的成年人體重超標。

由此可見，我們在職場上、感情生活、財務情況和健康狀態，都過得不怎麼好，為何我們會把日子過成這樣？還能脫困嗎？

造成今天的局面，原因有很多種。但我可以告訴你，罪魁禍首是蠻橫專制的世俗常規——束縛我們「應該」用特定方法生活，因為其他人也都如此：

我應該選這份工作。

我應該跟這樣的人交往或結婚。

我應該選這所大學。

我應該主修這門課程。

我應該住在這座城市。

我應該打扮成這樣。

我應該有那種感受。

別誤會我，人們有時候確實得做不喜歡的工作，好讓自己能維持生計。有些人沒得選擇居住環境，是因為他們負擔不起，或者得養家餬口。

但是，被生活所逼和墨守成規，完全是兩碼事。想要生命活得有意義，首先要知道如何分辨那些常規需要遵守，那些要打破。這世上除了物理定律和法規以外的規定都值得我們去探究，因此，我們首先要了解的就是這些規矩為何存在。

聰明人才能制定規則？

世俗常規是誰制定的？為了找出答案，首先我們得回頭看看人類歷史的起源。

歷史學家尤瓦爾・諾亞・哈拉瑞博士 (Yuval Noah Harari) 在《人類大歷史》(*Sapiens*) 一書中提到，以前的地球上可能同時有六種人類：智人 (Homo sapiens)，也就是現在的人類，還有尼安德塔人 (Homo ne-anderthalensis)、索羅人 (Homo soloensis)、直立人 (Homo erectus) 等。

隨著時光流逝，其他人種漸漸滅亡了，只剩下我們的祖先——智人。

智人為何能成為最後的贏家？

哈拉瑞博士認為，我們能稱霸地球的終極武器是語言——更具體來說，智人能使用比其他人種更為複雜的語言能力。靈長類專家已發現，猴子會警示族群有危險靠近，類似於人類在說：「小心，有老虎！」

而我們智人祖先們的獨特大腦，在遇上同樣情況時會說：「嘿，早上我在河邊看到一隻老虎。我們先在這裡休息，等老虎走了再去打獵。然後再去那邊吃東西，好嗎？」

我們的祖先可以用語言交流複雜的資訊，因此大幅提升了存活率。語言不僅讓我們得以組織群體、提醒危險和分享機會，還能開創及教導各種生存技能：告訴同伴河邊長了莓果，教導他人如何摘取、處理和保存，甚至當有人吃太多時該怎麼處理；決定誰先吃、誰能多吃一點。語言讓我們的世代得以傳承下去。

世代傳承的力量不容小覷，使我們不會重蹈覆轍。而語言更是這份力量的核心。

然而語言的最大優勢，是賦予我們在腦海中創造全新世界的能力。

我們用語言創造出物質世界不存在的東西，也就是我們的「領悟力」：與不同的群體合作，建立同盟、部落及準則，來形成更大的人類社會。我們因此得以創造文化、神話和宗教信仰，卻也因此而引發大小戰爭。

　　人類的思考能力，再加上能分享知識的語言力，促成了人類歷史上每一次的革命性轉變——也就是哈拉瑞博士所說的認知革命。

語言是規則的起點

　　倘若你不相信語言主宰了我們及這個世界，接下來的一些有趣研究將展現它的威力。

　　古時候有藍色嗎？美國廣播實驗室電視台 (Radiolab) 的節目曾播過一齣影片《為什麼天空不是藍色的？》(*Why isn't the Sky Blue ?*)。片中提過許多古老語言裡都不存在藍色一詞。古希臘詩人荷馬 (Homer) 在《奧德賽》(*The Odyssey*) 詩中，沒有用藍色來形容天空或愛琴海，而是使用「酒暗色」，其他古代典籍中也沒有藍色這個詞。

　　所以問題來了：你能看見沒有對應文字的東西嗎？

　　研究員裘洛斯·達維朵夫 (Jules Davidoff) 曾在非洲納米比亞共和國的辛巴族部落進行過這個研究。辛巴族有許多文字可以描述綠色，但唯獨沒有可以形容藍色的字詞。

　　在這個研究之中，研究員向辛巴族人展示了一張圖，上面有數個依圓形排列的方格。全部方格中，只有一個是明顯不同的藍色，其餘都是綠色，如右頁圖示。

　　當研究員請辛巴族從圖中指出最不一樣的方格時，他們選不出藍色方格，或者要想很久，甚至選錯。

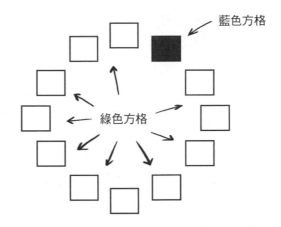

接著研究員換上一張圖上只有一個綠色稍微不同，而且大部分的人都難以分辨的方格圖時，辛巴族卻能迅速找出不同點。

我們以為很簡單的事情，對他們則不然；他們很輕鬆辦到的事情，我們卻很難辦到。由於辛巴族沒有形容藍色的文字，使他們無法輕易地從數個綠色方格中找出唯一的藍色——我們卻能輕易做到。然而他們可以區分不同色差的綠色，對我們來說卻反而不容易。

這也證明，我們比較容易看見有語言描述的事物。也就是說，語言決定了我們的「視界」。

規則是把雙面刃

語言就是如此的不可思議，退一步可以讓我們交流資訊，知道哪裡有風險和機會，提高族群警覺心和團結力，解決危機及問題；進一步還能將經驗傳授給他人，促成文化發展。

世代用語言傳承下來的生活準則，最終成為了文化。文化幫助我們

理解這個世界、迅速消化事件、開創宗教信仰及國家；教育出更出色的
下一代，甚至開發身心靈的潛能，讓我們不會只是得過且過。

文化當然也有黑暗的一面，當我們過度重視，讓陳年規矩來決定我
們生活該怎麼過，甚至是評斷是非時，沒有照著走的人就會被貼上「錯
誤」的標籤。你得這樣生活，你得穿成這樣；你得這樣對待老弱婦孺，
以及「不同的群體」；我的部落比你們更優越；我是對的，所以錯的人
是你；我信仰的神才是真神；不一而足。我們創造了如此複雜的世界，
然後把自己關在其中，用生命去捍衛。奠定我們文化基礎的語言和規
則，滋養了多少人，也就同時扼殺過多少生命。

被灌養長大的信念

信仰和慣例是我們航行於社會的大舵，但我們也會在普世價值上開
創新視野。這兩個世界很不同，而我們總是遊走於其中。

一個是絕對現實的物質世界，包含著我們一致認同的事物：這是河
邊、石頭是硬的、水是濕的、火是炙熱的；老虎有銳利的尖牙，被咬到
會很痛。一切都很一翻兩瞪眼。

另一個相對應的世界，是由理念、想法、概念、模組、神話、模式
和規則所組成的精神世界。人們會世代傳承這些非物質的精神——有些
甚至流傳千古，比方說人們對婚姻、金錢、宗教和法律的想法。精神世
界是個相對於現實的世界，因為某些想法只會適用特定文化或族群。社
會主義、民主精神，以及對教育、愛情、婚姻、職業等常見的「應該」
念頭都不是放諸四海而皆準的絕對事實。

這個精神世界，就是我所謂的世俗常規。

打從出生的那一刻起，我們便徜徉在世俗的染缸裡。周圍的人不斷地灌輸我們各種世俗思想，使我們對這個世界和運行方式的信念日漸根深蒂固。但問題是，許多信念和世界的運作系統已經行不通了，本來這些想法應該引領我們向前，現在卻成了侷限我們發展的框架，使我們無法發揮所長。魚兒到了最後才發現水的存在，是因為它終身都游在水裡。同樣地，僅有少數人能發現，我們的思想並沒有想像中的那麼獨立和自由。

絕對現實的物質世界以事實為基準，
而世俗常規的社會則由人群的觀點和共識主導。
普世價值其實只存在於精神層面，卻真實到讓你以為這就是世界。

存在大腦裡的世界能有多真實呢？試著思考接下來的例子，這些都是人們創造出來的想法，不存在於物理世界──卻無比真實：

- 我們指不出身體哪裡有熱量，但大家都知道吃太多會讓小腹變大。
- 靜心是種摸不到也看不到的體驗，但超過一千四百項科學研究指出靜心有諸多正面影響，能延年益壽、豐富創造力。
- 你和我可能對神有不同見解，但對許多人來說，神是獨一無二的存在，而且是許多人類社會的基礎。即便有人說，神是人想像出來的，但這種想法仍具有強大的力量，影響著無數人的生活。
- 物質世界中並不存在企業這個東西──當人們設立公司的時候，你需要填幾張申請表格，取得一張證明公司存在的文件。然後，這些紙張就代表著法律，讓人們可以一起建立無法憑一己之力完

成的事物。

- 我們看不到也摸不著的東西還有法律──法律是由不同群體（比方說城市、州、省和國家）共同達成的共識。有了法律，不同群體的人們才得以和諧相處。

- 婚姻是一種很普及的概念，讓兩人彼此承諾共度此生，不過在不同的文化中，所謂的承諾在生理、心理及財務上有著不同的定義。

- 在許多文化中都有退休的觀念，意思是人們知道自己在特定年齡後，生活將會出現明顯的變化。

- 雖然地球上並沒有所謂的國界，然而當人們試圖重新劃分國界時，往往會付出慘痛的代價。而且全球數十億的人口，都住在以國界劃分的各個國家。

由此可見，我們確實是用想法在構築整個世界。無論是鼓勵人心或毫無建設性的想法，都將由人們樹立並吸收進腦海裡，接著傳授給下一代。人們往往會將這些概念視為真理，好讓自己能輕鬆活在如此複雜的世界中。問題是──許多規則早就過期很久了。

有挑戰的人生才有意義

既然生活中有那麼多事物是由我們的想法和信念創造出來的，那所謂的構想、規則和「應該」，也不過是歷史的累積，我們既沒有絕對合理的基準可以評判對錯，也無法說它是唯一。我們認定的真理，真的就只存在於大腦中。

我們的生活怎會變得如此？正如史帝夫・賈伯斯所言：「它是『由

不比你聰明的人創造出來的』。」一旦你懂得不將規則視為鐵律，你就會學著跳脫框架的思考方式，擺脫世俗常規的枷鎖。

　　當你明白了這是個只存在於腦海中的世界，你才能掌握自己的人生方向盤。你可以用自己的心智去解構那些你習以為常的信念、系統和規則。那些主宰人們和社會的規則都是真實存在的，但這並非意味著所有的規矩都不容置疑。

　　世俗常規的力量是如此的強大，迫使我們說服自己理當按照特定的方式生活。倘若這正是你希望的生活模式，那麼過著平凡且安全的日子也行，這無關對錯，只是問題在於「安全」會導致無趣，而無趣使人停滯不前。

　　我們每個人都是活力四射的出生在這個世上，孩童總是熱衷學習，渴望成長和改變。然而對大部分的人來說，一旦從學校畢業進入職場後，成長會開始日趨緩慢，最後只剩原地踏步。如果我們把這整個過程畫成圖，看起來會是這個樣子：

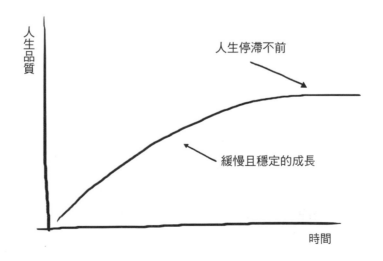

倘若我們能重新定義人生，讓這一生變成下圖的樣子：

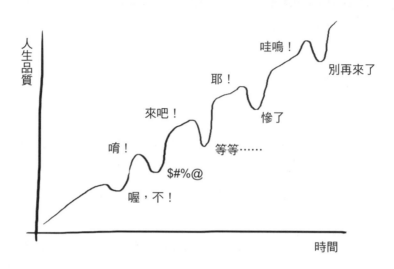

注意到了嗎？原本緩慢趨緩的成長幅度，變成不規則且充滿了高低起伏。很不一樣，對吧？假若人生就像騎腳踏車，拿掉框架規則的輔助輪，體驗高低起伏的真實道路，才能感受到這趟旅程的美麗與歡樂不是嗎？又或者人生的不如意，僅是生命一種美麗的展開起手式，而成長和機遇的種子就藏在失敗挫折之中呢？

規矩會為了保障我們的安全而隨時間演化——但是今天的我們早已不必擔心河邊有老虎。冒險的代價已經無須用命抵償，安穩過頭就只能原地踏步。

我想要更熱切地活著，打破舊習、質疑教條，

讓生命成為一場華麗的旅程。

　　本書將會提到許多活出各種生命意義的卓越人士，他們的共通點就是對舊有規則抱以懷疑，包括工作、學位、宗教、生命意義，以及其他「安全」的規則。而且從他們的經歷來看，打破常規往往帶來創新和新的開始，進而開創了人類的新未來。伊隆‧馬斯克 (Elon Musk) 便是其中一位卓越人士。

　　我在 2016 年時，曾去太空探索科技公司「SpaceX」位於美國加州霍桑市的總部，拜訪馬斯克先生。馬斯克可說是一位替人類歷史寫下全新一頁的傳奇人物。他帶領的特斯拉 (Tesla Motors) 推出了第一台電動車。太陽能發電公司「Solar City」的概念也是他提出的。他的創意還包含了有利交通運輸的超迴路電車「Hyperloop」，以及顛覆星際旅行的「SpaceX」。他無疑是當今世界上最傑出的創業家。

　　當時，面對這樣一個偶像級的人物讓我有點緊張，我向馬斯克提了一個有點笨拙的小問題：「馬斯克，你做了那麼多，常人連想都不敢想的創舉。那是什麼讓你成就了你自己？我的意思是，如果把你放進果汁機裡，攪拌後過濾出你的本質，你覺得那會是怎樣的本質呢？」

　　我古怪的「果汁機攪拌」問題讓他不禁笑了出來，但還是跟我分享了接下來的故事：

　　「我剛開始找工作的時候，曾經去過網景通訊公司 (Netscape)。我抓著履歷表坐在大廳，安靜地等別人來叫我。但沒人出現，我就在那默默地枯等。」

　　馬斯克說自己當時並不知道面試該有什麼流程，所以他就在那裡等候，希望有人會請他去面試。

　　「沒有一個人走過來和我說話，」他說。

　　「於是我說：『算了！不如自己來開公司』！」

從那天起，世界因此改變了。

1995 年，馬斯克用二萬八千美元，成立了一家小型的分類廣告公司「Zip2」。他在 1999 年時賣掉了那間公司，賺了二千二百萬美元。於是他便用這筆錢創立了另一家公司，準備挑戰商業銀行的線上支付規則——也就是後來的第三方支付服務商「PayPal」。到此，他的故事還在繼續。

2002 年，他創立了 SpaceX 並著手於打造更好的火箭。後來他又在 2008 年入主特斯拉汽車，使電動車成為新主流。

從銀行業到太空探索，再到電動車，馬斯克突破許多人從不敢去質疑的遊戲規則，帶來了舉世震驚的變革。

馬斯克還分享了許多故事，我們會在後面繼續探索。但首先，我要在這裡先介紹活出卓越人生意義的十項法則第一項。

卓越法則一：規矩是用來突破的

擁有卓越心智的人善於看穿無用陋習，知道該如何選擇有用的規則和情勢，或者該懷疑或忽視。他們通常會踏上鮮少人走過的道路，創新定義自己的人生。

強調安穩不好嗎？

制定規矩的原意是保護我們的安全，但人們往往過度強調安穩了。伊隆・馬斯克和我分享了他的人生旅程，以及推動他前行的力量，但我

印象最深刻的是他最後說的那句話：「我對痛苦有非常高的耐受力。」

馬斯克在創立這些公司時，也曾經歷過多次挫折。他提到在 2008 年時，SpaceX 發射的三架太空梭相繼爆炸。到了第四次失敗時，公司都快破產了。與此同時，特斯拉汽車的融資失利，導致現金流幾乎見底。馬斯克只好出售手上最賺錢的 Paypal，才能拯救這兩間公司，他甚至要借錢支付辦公室租金。儘管如此，他還是熬了過來。

打破常規，走沒人走過的路確實會令人膽怯，但我也不斷看到逆流而上的例子。那些失敗的過程能讓我們學習並獲得智慧，進而推升未來的人生品質。當失敗如颶風般侵襲時，你需要勇氣去克服挑戰。我可以保證這些努力將會得到成果。在這本書裡，你將學會如何獲得迎風破浪的力量。

我自身的每次打擊——從失戀、與合夥人意見分歧而幾乎得離開我一手創辦的公司，或是憂鬱症發作時的孤獨療傷——最後都讓我獲得微小卻意義非凡的領悟和覺醒，不只提升了我的人生品質，更讓我變得強大。現在的我會敞開雙臂，歡迎這些失敗的經歷，並竊喜著：哇，又搞砸了！我等不及要看我又可以從中學習到什麼了！

這些失敗的經驗當然包含了打破微軟的金飯碗，然後默默地畢業，找不到新工作，直到我搬到紐約市。那時候有一家非營利組織願意雇用我，但薪水比法定最低薪資還少，我也只能答應了。我的家人和朋友都覺得我大概要瘋了。

領著比最低薪資還少的薪水，意味著我根本無力負擔住房租金。先前在微軟的時候，我還能租得起一套公寓。我在紐約只能跟我的同事詹姆士一起分租位於雀爾喜區的一間又髒又小的公寓，用的還是前一位房客從街上撿來的家具，沙發和床墊上都是發黑汙漬。現在的我都不知道

當時怎麼活下來的,但我永遠記得 2005 年 5 月的一個尷尬回憶。

有一次我因公到歐洲出差,認識了一位來自愛沙尼亞的紅髮美女,我成功說服她來紐約找我。唯一的問題是,她會跟我一起住在那間糟糕的分租公寓──這讓我非常尷尬。克莉絲緹娜終於來到紐約,她一進門便立刻跳到詹姆士的床上,並興奮地在床上跳上跳下。

「呃,那是我室友的床,」我說。「我的在那邊。」

「你有室友?那你不是一個人住嗎?但這樣我們……你知道的……要怎麼有些私人空間呢?」她既驚訝又有點不知所措地問。

我突然靈機一動,想出了一個方法:用一片粉紅色的醜陋塑膠浴簾,在狹小空間內硬是掛出一面「牆」,總算弄出一點隱私空間了。

老實說我真不懂克莉絲緹娜看上我哪一點,不過三年後我們結婚了。現在我們有兩個漂亮的孩子和一個有美麗窗簾的家。

如果我沒離開微軟,搞砸所有的工作機會後落難紐約,我或許就沒有現在的美滿家庭了。

. . .

低谷也有不同的美景。千萬不要為了躲避不順遂而墨守成規,直到某一天醒來,才發覺自己錯過了這麼多。無論此時的人生道路有多麼黑暗,你會找到出口的。當然,方法已經幫你整理好了,你將學到如何改變常規(第二章),如何治癒自己的心靈(第三章),如何擺脫有害信念(第四章),如何迅速適應新事物(第五章),如何掌握好運(第六章),如何找到快樂(第七章),如何找到方向(第八章)。接著,你需要學習如何克服障礙(第九章),活出只屬於自己的生命意義(第十章),只要願意踏出第一步,每個人都能擁有卓越的人生。

我很喜歡美國美式足球員兼演員泰瑞・克魯斯 (Terry Crew) 說過的一句話：「我經常跳出自己的舒適圈。一旦你把自己推到新的地方，你便開啟了一個嶄新的世界和機會。你可能會受點傷，但當傷口痊癒後，一個嶄新的世界正在等著你。」

無論你是十二歲或八十歲，打破世俗常規並踏出舒適圈，永遠都不嫌晚。

人生信念的自我檢查

在接下來的章節中，我會幫助你檢查人生中的信念和系統，看看那些能推動你的人生，那些反而會讓你畫地自限。你將收到鏐鋯的鑰匙，解鎖你的潛能並展開邁向卓越的步伐。你將擺脫過往枷鎖，展望未來願景並轉變人生，從此以後你將以全新的角度看待生命、世界、目標，以及人際。

我們將一起追求更高層次的覺察力，超越框架與窠臼。我們將明白到，我們會歸屬於某種文化、國家、信仰，並成為它們的一部分，只是因為我們恰巧在特定的時間和地點，在那樣的家庭裡出生。普世價值造就了現在的我們，但如果我們學會了跨越世俗常規呢？當我們知道每個人都由有其獨一無二的價值，沒有天生比較優秀這種事，我們能走出卓越的新道路嗎？

擺脫你的舊習枷鎖

在此我要先提醒你，質疑社會教條與規範可不是件輕鬆的差事，你

可能會開始出現以下的「狀況」，但這些還只是一部分而已：

- 當你決定質疑所愛之人對你的期望時，你可能會惹火他們。
- 你可能會離開現任的伴侶。
- 你可能會採用不同的養育觀念。
- 你可能會質疑自己的宗教信仰，或者選擇創立屬於自己的一套信仰系統。
- 你可能會重新思考你的職涯規劃。
- 你可能會更熱愛快樂的感覺。
- 你可能會原諒過去曾傷害過你的人。
- 你可能會推翻現在的計畫，並開始設定全新的目標。
- 你可能會開始對心靈提升的練習有興趣。
- 你可能會不再愛某個人，但是更加愛自己。
- 你可能會離職，創立自己的事業。
- 你可能會離開現在的工作，投入另一種新挑戰。
- 你可能會找到你的使命，感到無比興奮且毫不畏懼。

這一切都將從你準備好要質疑這個世界開始。我的好朋友彼得・戴曼迪斯 (Peter Diamandis)，XPrize 基金會的創辦人兼主席，曾說過一句名言：

如果你沒辦法贏，那就扭轉規則。
如果你無法改變規則，那就忽略它。

　　我非常喜歡這個建議，不過在開始你的挑戰前，我們需要先一起找出那些你可能已經知道，或者從沒察覺過的各種舊習枷鎖。

　　你應該也不會太意外我們的第一步就是創立一個新詞彙，誠如之前所提過的，先有語言描述，我們就能更輕易地駕馭其中。

　　這個新的名詞就是「胡扯規則」。

第 2 章
別再抱著過時觀念不放
撕掉胡扯規則的遮羞布

「你將會發現許多我們所堅信的真相，絕大部分都取決於我們看待事情的角度罷了。傻子跟追隨傻子的人，哪一個人更愚昧呢？」

——《星際大戰》歐比王‧肯諾比 (Obi-Wan Kenobi)

謊言會因為相信而成真

前章提過，人類會同時活在兩個世界裡，一個是絕對現實的物質世界，另一個是由世俗常規構成的想像世界。在世俗常規構成的世界中，我們對自我身分的認同，以及我們的信仰、國籍和對於這個世界所抱持的信念，只不過是我們選擇相信的心智結構 (mental constructs)。而所有的心智結構都是被當下的主流文化所接納的觀念，並從我們還在牙牙學語時，開始烙印在我們的腦海裡，日漸根深蒂固。

我們其實沒有自己想像中的有理智。許多信以為「真」的觀念，根本禁不起考驗。我們對世界的看法會隨著人類文化、意識形態和觀念三者之間的碰撞而產生變化、轉移、擴張或退縮。正如疾病會經由宿主傳染給他人一般，觀念的傳播也是如此。比起理性訴求，那種未經質疑卻很有感染力的「社會傳染」方式通常更有效。

因此所謂的「真理」，根本無法造就最美好的人生。消費者心理學博士保羅‧馬斯登 (Paul Marsden) 曾在一篇論文中提到：

> 即便我們認為自己對各種情況的反應，是出於意識和理性所做出的決定，然而證據顯示卻非如此。社會傳染的研究指出，我們會受到信念、情緒和行為的「支配」，而非我們去「主導」那些信念、情緒和行為……當我們不確定自己該對一種刺激或情況做出何等反應時，我們會積極尋求他人的指導，並有意識地模仿他人。

這段話相當發人省思，馬斯登博士的意思是，當我們下決定時，我們更傾向於順從集體意識，而非以自我的想法及最佳利益點出發。我們「主導」信念的能耐，遠不及信念「支配」我們的程度。

馬斯登博士接著提到：證據顯示，人們並非透過理性的選擇，卻是藉由社會傳染的方式，去傳承行為、情緒、信念和信仰。

我們以為自己做出了理性的決定，但其實很不理性，反倒跟我們家人、文化和同儕所認可的觀念更為貼近。

從善如流，本來也並非壞事。然而現今世界的變化來得又猛又急，墨守成規絕對沒有出人頭地的機會。觀念、文化，甚至流行事物本來就該隨著時代不斷推進，當我們抱以質疑時，它們才能相應轉變成對我們真正有利的樣貌。

儘管科技、社會和人類意識已經進化了，我們也知道世界隨時在轉變，許多人卻仍不肯放手那些過時的老舊規則。

記得第一章中，詞語對認知有著莫大的影響力嗎？辛巴族因為他們

的字典裡沒有藍色這個詞，所以認不出藍色。現在我就要替這些不合時宜的常規重新定義為「胡扯規則」，相信能更方便讀者去理解。

胡扯規則的定義：

為了讓大腦偷懶，從而衍生出的各種胡說八道規則。

　　我們用胡扯規則去分類事情、程序，甚至人。古早年代的胡扯規則，透過我們的家庭、文化和教育代代相傳。比方說，你記得當初自己為何會選這個宗教信仰嗎？或者你對愛情、金錢或生活的觀念是從何而來？我們大多不記得了。人生的許多基本規則多半來自他人，卻深切關係著我們對是非對錯的觀念。

　　所有人都會按照無數的規矩去生活。當我們不確定該怎麼做的時候，就會以前人作典範。孩子以父母為榜樣，父母以其父母為榜樣，以此類推。我們信仰基督教或猶太教，政治上傾左或傾右，通常都非出自我們自主決定，而只是因為我們恰巧在那個時間點，出生在某一個家庭裡，並受到模因學和社會傳染的作用，使我們傳承了家中的信仰或政治理念。決定從事特定行業、讀法學院、取得 MBA 學位，或進入家族事業，不一定是因為理性思考後下的判斷，而是社會安排了我們。

　　從演化的角度來看，仿效前人的效益驚人。代代相傳的收割、打獵、烹煮及溝通方法，促使人類發展出既複雜又具規模的文明社會。但也可能使我們至今還在照著數年前，甚至數世紀前的模式生活。盲目地跟隨前人的腳步可能有效率，但卻不一定明智。

　　當我們細細思考後便會發現，胡扯規則的出現只是為了圖一個方

便。質疑並解析這些胡扯規則，便是邁向卓越人生的第一步。我九歲時開始會質疑胡扯規則，那時候家裡附近新開了一家麥當勞，而且不管我走到哪，都好像能看到各式各樣令人垂涎三尺的起司漢堡廣告。天啊，它們看起來好好吃。我真想吃一套快樂兒童餐。但可惜我從小就是一名印度教徒，因此被告誡絕對不能吃牛肉，永遠都不行。

麥當勞創造了一種製造需求的現象。我從來沒嚐過牛肉，但多虧了那些「就是喜歡」的廣告和照片，我認為麥當勞的漢堡鐵定會是我有生以來吃到最美味的一餐。而唯一能阻止我的，只剩下宗教信仰的戒律，否則將會惹怒神明（或者跟惹怒神明一樣可怕的下場）。

我的父母常常鼓勵我對世事要抱持懷疑的態度，所以我曾問過為什麼不能吃牛肉。我母親回說因為家族文化和宗教信仰。「但其他人吃牛肉。為什麼印度教徒不能吃呢？」我固執地問。

我的母親是一位有智慧的老師，她說：「為何你不去找找看原因呢？」那時候還沒有網路，所以我翻遍了《大英百科全書》，才整理出一套有關古代印度、印度教、母牛和吃牛肉的理論，然後我回去告訴我的母親：「媽，我想古印度教徒喜歡養的寵物是母牛，因為牠們性格溫馴，而且有雙美麗的大眼睛。母牛還有很好的用處，牠們會犁田，還會產牛奶。所以以前的印度教徒不吃牛肉，他們會吃其他比不上母牛的動物，好比說山羊和豬。但是我剛才又檢查了一遍，我們家養了一隻狗，我們沒有養母牛，所以我想我應該可以吃麥當勞的牛肉漢堡了。」

我不知道我母親是怎麼想的，但她說好，所以我吃了人生中第一個牛肉漢堡。老實說，也沒有想像中的好吃。但我從小盲從的信仰教義卻轟然崩塌。

從此我便開始我的質疑之旅。並在十九歲時放棄從小信仰的宗教。

但我並非放棄心靈的追求，而是不想再讓自己與非印度教，但同樣對心靈提升有所追求的數十億人類會有所區別。我想擁抱每種信仰的本質，而不只侷限於單一種宗教。儘管我年紀尚輕，我就是無法理解用單一種宗教制約一輩子的觀念。

我很幸運我的父母願意讓孩子創造自己的信念。如果當年的九歲小孩都能擊破胡扯規則，現在的我們當然也做得到。

花點時間思考一下你所接收到的宗教或文化規範，有那些是實屬理性呢？或許有些已經是過時的觀念，或者被現今的思想家或研究員證明是不正確的觀念，甚至帶來嚴重的痛苦。我不是要你立刻拋棄所有的常規，但為了有效達成人生的目標和滿足需求，你不能停止懷疑那些規則。「我的家人、文化或別人都是這麼做的」，用這種理由說服自己是行不通的。

值得挑戰的胡扯規則

當你踏上人生意義的旅程，請務必謹記一點，沒有什麼是不容質疑的。我們的政治、教育和工作模式、傳統及文化，甚至宗教信仰皆有著不少值得廢除的胡扯規則。

以下要看一些生活中的胡扯規則，我們甚至從未發現它們的存在。其中有四大部分的常規真的是很糟蹋我們，而自從我擺脫它們之後，我的人生已經有了很不一樣的進展，並決心不再讓它們影響我的世界：

一、不上大學就無法出人頭地？

二、跨文化和族群結婚沒有好處？

三、宗教信仰只能從一而終？

四、不努力等於懶惰？

當你看到這裡時，不妨捫心自問，是否被這些胡扯規則所侷限了。

一、不上大學就無法出人頭地？

許多人為了上大學而年紀輕輕就開始背學貸，然而許多研究都指出，大學畢業並不一定等於出人頭地。所以這張文憑究竟有何用？《紐約時報》在 2014 年曾訪談過 Google 的資深人資副總拉茲洛・博克 (Laszlo Bock)，他表示：雖然 Google 會關注需要特定專業技能的成績，但有沒有大學學位卻不是必要條件。博克說：「你看那些沒念書，卻能闖出一番成績的人，更是我們應該想辦法找到的了不起人才。」博克也在 2013 年的《紐約時報》文章中提到，「在 Google，沒受過大學教育的員工比例正逐年增加」有些團隊中，未受過大學教育的人員比例甚至達到 14%。

同樣情況也發生在其他公司裡。iSchool-Guide 在 2015 年的報告中寫道：英國安永會計師事務所 (Ernst and Young Global Limited) 作為英國最大雇主公司，及世界最大財務資訊公司之一，最近已宣布不再把成績列為人員招募的主要條件之一。文章引述了安永人才部門的執行合夥人瑪姬・史提威爾 (Maggie Stilwell) 的話：「當我們評估求職者的時候，學術成績仍舊是重要的加分考量項目之一，但不是入門門檻。」

我自己近幾年來面試並招募過近千人，我也不再注重求職者的大學成績，甚至不在乎他們的母校背景，因為我發現那些都與員工未來在這間公司的成就毫無關係。

把大學文憑當作是出人頭地的門票，可能正在變成一條快要行不通，甚至快要被社會淘汰掉的胡扯規則。但這不表示大學一點好處也沒

有，以我自己來說，人生中最棒的回憶和成長經驗都在大學裡，只不過這些美好的事物都跟我的學位或主修科目沒有關聯。

二、跨文化或族群結婚沒有好處？

我的祖先來自西印度的一支叫做「信德族」(Sindhi) 的少數民族，信德族在 1947 年後離開了印度，從此漂泊四散於世界各地。正如許多有類似文化的民族一樣，信德人極度渴望文化傳統的保存和延續。因此，與異族人結婚是大忌，甚至與不同血統的印度人也不行。所以你可以想像，當我說要和愛沙尼亞籍的妻子克莉絲緹娜結婚時，親戚們有多麼震驚。他們曾委婉提醒我：「你真的打算這麼做嗎？……以後你們的小孩會很困惑！……為什麼要讓家人對你這麼失望呢？」

一開始我也擔心自己是否太恣意行事，會讓我愛的人們失望。但後來我意識到，這是我的重大人生決定，不該是為了讓別人開心，而做出讓自己難過的決定。我拒絕去盲從跟相同種族、信仰和人種結婚才會幸福和「正確」的胡扯規則。克莉絲緹娜和我相識十六年，結婚十二年，我們的兩個孩子從未對父母是不同民族而感到「困惑」過。他們正在學習不止一種語言，並開心地成為這世界的公民（我的兒子海登在十八個月大時，已經造訪過十八個國家了）。我們的孩子從未被限制只能參加一種宗教，他們會跟祖父母，一起參加俄羅斯正教、路德派和印度傳統活動，體驗人類信仰中的所有美好，而無須受困於任何框架，這也是我們接下來要提到的胡扯規則。

三、宗教信仰只能從一而終？

這個問題非常敏感，我們真的需要宗教信仰嗎？少了宗教，靈魂昇

華還能存在嗎？這只是少數幾個關於宗教的問題罷了。隨著基本教義派的興起，我們聽見越來越多質疑基本教義的聲浪。你記得你決定信仰宗教的那一天嗎？幾乎沒有人記得，因為很少人是出於自己的選擇。我們的父母，將他們對於宗教信仰的一連串信念，在我們年幼時期便植入我們的腦海裡。因此對許多人來說，想要得到來自家人或部落的歸屬感渴望，已經淹沒了我們理智主導的決策過程，許多對我們不好的理念也隨之深化在我們腦海中。

儘管信仰能教人向善，有些教義卻也會引起強烈的罪惡感、羞愧和恐懼。雖然地球上大部分的人都會選擇信仰一種特定宗教，但比例正在不斷減少。尤其是在千禧世代出生的人，已經越來越多人選擇「有精神信仰而沒有宗教信仰」。

我相信宗教對人類進化是有必要的存在。數千年來，宗教所樹立的標準，促進人們應該行善及敦親睦鄰的行為模式。時至今日，人類之間的交流溝通是再簡單不過的事情了，而且我們已經能隨手獲得全世界的智慧，恪守單一種宗教信仰或許已然不適用，甚至盲目篤信教條，反而有礙人類的心靈進化。

宗教的核心或許有著美好的精神理念，但卻被過時且乏人質疑的胡扯規則層層包裹了起來。

沒有在齋戒月期間徹底執行齋戒的穆斯林，會是好的穆斯林嗎？不相信原罪的基督徒，會是好的基督徒嗎？好的印度教徒會吃牛肉嗎？你覺得宗教像是台需要更新的老舊機器嗎？

在我看來，不要信仰一種特定的宗教，而是從眾多宗教和靈性實踐中挑選會是更好的作法。

我就是這麼做的，雖然出生於印度家庭，但我能從這幾年所接觸到

的各種宗教和靈性書籍中彙整並開創了屬於自己的一套信念。我們不會每天只吃一種食物，那麼為什麼一定只能選擇一種宗教呢？何不相信基督教耶穌的愛與恩慈，同時像穆斯林一樣將收入的一成捐作慈善用途，也相信輪迴轉世的積福觀念呢？

　　基督教的耶穌教誨、伊斯蘭教的蘇菲派、猶太教的卡巴拉生命之樹、《博伽梵歌》的智慧，以及達賴喇嘛的佛法傳授，都非常美好。然而人類卻總是武斷地決定：你這輩子只能追隨一種宗教。更糟糕的是，你必須儘早灌輸這個概念給你的孩子，好讓他們以為這麼做才是唯一的真理，並延續傳承給下一代。

　　如果信奉宗教能帶給你意義和滿足感，那倒也無妨，但是，你沒有概括承受的義務。你可以相信耶穌，但不相信地獄。你可以成為猶太教徒，但也享受火腿三明治。不要用單一個宗教侷限自己，不必要求自己接納所有的族群信念。你應該去發掘自己的心靈意志，而不是承接他人的執念。

四、不努力等於懶惰？

　　這是一個可敬的想法，但已經被扭曲成殘酷的胡扯規則。父母想鼓勵孩子堅持挑戰，在達成目標前，絕不輕言放棄。但這可以轉變成胡扯規則：不夠拚命就是懶惰，然後你永遠無法成功。

　　這個胡扯規則還會衍生出另一個胡扯規則，把工作跟無趣、厭煩和越辛苦才越能出頭劃上等號。然而蓋洛普公司的調查指出，比起在工作中找不到意義的人，那些能在工作中找到意義和快樂的人會在職場待得更久，也不會急著退休。當你不再被工作所壓榨，才可能更積極投入工作。既然我們大部分的時間都必須花在工作上，倘若你不喜歡這份工

作，你覺得自己還願意做多久呢？身為教育家兼教長的勞倫斯・皮爾梭・杰克斯 (Lawrence Pearsall Jacks) 曾這麼寫道：

> 真正懂得生活藝術的人，無論在工作和玩樂、勞動與休閒、心靈與身體、學習和消遣之間，都不會劃下一條條鮮明的分界線。他只會純粹地去完成想做的事。至於何謂工作或玩樂，則交由他人去定義，因為兩者本來就可以並存。

我也總是有意識地選擇投入我所愛的領域，自然不覺得那是份「工作」。當你能全心投入工作時，生活似乎更加美妙，事實上，「工作」的概念正在消失，轉而變成一道挑戰、一件任務，或者像是一場比賽。我鼓勵每個人嘗試用這種方式對待工作，否則沒道理我們花了大半光陰努力工作，卻只為了餬一口飯。我們的工作不該是日復一日，枯燥又乏味的循環。所以，想要人生活得有意義，首先一定要找到心之所愛。雖然你可能暫時還找不到，但本書會慢慢分享一些心智模式和練習方法，幫助你更快找到它。

破解胡扯規則的五大洗腦模式

胡扯規則該如何破除呢？第一步是看穿胡扯規則的五大洗腦模式。當你了解這些感染機制後，便能更輕易辨別那些世俗常規對你有益，那些只是胡扯規則。

一、從小灌輸

　　與一出生就能跑會游的動物不同，人類的漫長孩童時期都需要旁人的幫助。孩童總是吸收各種信念，多於質疑或批判。正如《人類大歷史》的作者哈拉瑞博士在其書中將小孩比喻成燒窯過程所做出的描述，這段時期的我們就像熔融成液態的玻璃，具有極高的可塑性，也更容易受到周遭的環境及人們影響：

　　　　大多數的哺乳動物是從子宮孕育出生的，正如瓷窯燒出的
　　瓷器，此時若試圖改變器皿的形狀，免不了造成刮傷或破損。
　　剛從子宮誕生的人類，則像火爐上熔融的玻璃，因此具有驚人
　　的可塑度，可以任意扭轉、伸展及形塑成任何形狀。這也是為
　　何我們可以教育孩子成為基督徒或佛教徒、資本主義者或社會
　　主義者、好戰或愛好和平。

　　我們的大腦擁有延展性，讓我們從小便展現出優異的學習能力，能接納各種經驗，並用文化作為模具，壓出我們的形狀。舉例來說，想像一個從小在多元文化家庭長大的孩子，能流利地講兩三種語言。然而這種延展性，也讓我們得全盤接受孩童時期的各種影響。

　　你是否注意到孩子們經常把「為什麼」掛在嘴邊呢？當面對孩子們源源不絕的問題，父母常會這麼說：
　　「因為我說了算。」
　　「沒為什麼，就是這樣。」
　　「因為這是神決定的。」

「因為爸爸說你得這麼做。」

這類的說詞等於讓孩子落入了胡扯規則的死胡同裡，他們甚至不覺得自己可以去質疑那些胡扯規則。人的信念大致會在九歲時建構完成，等孩子長大成人後，這些經由文化所傳遞的常規，變成做人處事的基準，又或者成為綁手綁腳的限制和窠臼，直到人生終點——除非我們學會去質疑和挑戰。

身為人父的我也很清楚，要誠實且誠摯回答孩子所提出的每一個問題，是一件多麼困難的事。2014 年的某一個夏天，我和七歲的兒子海登坐在車上，當時電台剛好播放了妮姬・米娜 (Nicki Minaj) 的歌曲《大蟒蛇》(Anaconda)。當副歌唱到「大蟒蛇什麼都不要，除非你有圓麵包」的時候，海登問我，「爸爸，為什麼大蟒蛇只要圓麵包呢？」

我瞬間紅了臉，接下來的劇情你大概也能諒解，因為我做了其他面對相同處境的父親也會做的事，胡說八道。

「這首歌是說有一條蛇只愛吃麵包，」我說。

海登相信了，真是萬幸！隔天他告訴我，他想寫一首關於一條有著健康飲食習慣的蛇的歌。

我的孩子會問十萬個為什麼，我也曾經像海登一樣，向我的父母問過許多難以回答的「為什麼」，我敢說你也一樣。你的父母或許會盡力回答，但類似「因為本來就是如此」這類的答覆，也似真似假地，成為你至今仍信以為真的胡扯規則。

二、權威人士這樣說

那些被視為權威人士的男男女女，都是制定規則的高手，我們難免會有所依賴。權威人士當然包含了我們的父母、親人、照料者、師長、

神職人員和朋友。有時我們可以從中學到有利謀生的常規，比如「待人如待己」的黃金準則。然而，把訂規則的主權交給他人，意味著不論傳遞的內容是否正確，我們都只能任人擺布。

　　歷史已經證實了，權威人士所說的話對我們的影響力是多麼驚人，更可能潛藏危機。

　　在人類意識進化的過程中，我們需要領袖和權威人士來組織行動，提升族群存活率。人類因此發展出了文字以及其他相關技能，比方說獲得、保存及分享資訊，使知識得以流通五湖四海。但這些已經是古早時代的事，一句口令一個動作的年代該結束了，我們更需要去質疑當今領袖們所說的事情。

　　舉例來說，現今的政客會營造民眾對對手政黨的恐懼感，藉此來贏得更多的支持者；某些國家或某黨政客為了爭取更多選票，轉而抨擊猶太人、回教徒、基督徒、墨西哥移民、難民和同性戀者。我們需要拒絕那些濫用權威的政治人物。

　　然而，能發揮莫大影響力的不只有權威人士。有趣的是，有些人在父母過世後，會感到一股自由感，這是因為他們覺得自己終於能追求真正的欲望、想法和目標，不再承擔父母的殷殷期盼，也擺脫了遵從父母之命的壓力。

三、用歸屬感綁架你

　　我們之所以會接納胡扯規則，是因為我們想要融入社會。人類是群居動物，為了找到安全感，以及建立團體內的親屬關係而進化。群體生活遠勝於單打獨鬥，於是受部落接納成為了生存的關鍵。然而有時候為了換得族人的接納，我們只好掩蓋個人特質和獨立性。舉個老掉牙的例

子，我們在青春期時，總是因為同儕壓力，不敢大膽地表現出自己的不同點。

部落在這裡可以代換成任何一個有信念和傳統的團體，可以是一種宗教團體、政黨、俱樂部或團隊等。即便我們真心認同該團體，一旦需要在團體內，用某一特定角度來定義自己時，為了融入其中，就算團體內的信念禁不起考驗，我們也會自動自發地去接納。

非理性信念的人尤其容易為了滿足自己的歸屬感而放棄質疑權，去接納那些最不合邏輯，也不合理的信念。

部落客提姆・厄本 (Tim Urban)，稱這種行為是「盲目部落主義」。提姆寫道：

> 群體思維的盲目部落主義，揭示了人類對安穩的渴求。倘若科學家的觀點是以實驗證據作為依據，當證據出現變動時，結論便會跟著改變；然而團體的教條主義是一種信仰的執行，無須真憑實據，盲目的部落族人便會爭相跟進。

你可以接納部落的信念，但也無須全盤承受，特別是那些不合科學驗證、沒有幫助或不真實的信念。

四、用社會認同束縛你

當我們因為有人說「大家都這麼做」，從而採納某意見時，其實我們就是在透過社會認可在接受胡扯規則。你可以把它想成是一種藉由代理人進行認可的過程：我們選擇相信別人，是因為這麼做可以省下自己查證事實的力氣。倘若我們的思考被引導成「每個人」都這麼做、都相

信這個或接受那個，那麼我們會認為自己或許也應該全數買單。我們現今的廣告即是一個例子：每個人都吃這個、買這個、穿這樣……這很健康，那樣不健康……你需要這個讓別人注意到你，諸如此類。現今的廣告很狡猾，利用社會認同來創造需求，所以我稱這種現象為「被創造出來的需求」。沒人有真的需要那麼多用紅鋁罐裝著的高果糖玉米糖漿，更不需要那些只為了商業廣告而存在的空虛產品。被創造出來的需求，把無益健康的東西變成了必備品。既然大家都這麼做，那我也要這麼做。

五、製造恐懼效應

假設你與心儀之人約會後，那個人就再也不回你的電話了，內心或許會湧起強烈的不安全感：一定是我打扮得不夠好……或許我講太多話了……我不該說那個笑話，諸如此類。接著，我們不但不去追究對方為什麼不打電話給自己，反而發明了一堆有關戀愛、約會的胡扯規則，像是十大約會必勝法；他的這個動作等於什麼潛台詞等。但實際情況可能是另一回事，對方可能手機掉了，或沒有你的電話號碼。或者是，她這禮拜過得不太好，或忙著處理家裡的事情。

不去進行邏輯思考，卻開始對種種事件加以創造「意義」。我們大腦裡的意義製造機，便是如此不斷地在製造各種自我解讀，而且越重視的人解讀得越頻繁。

你曾因為別人的行為，而自行揣測過對方的態度或感覺嗎？那正是意義製造機在運作。

・　・　・

你或許也察覺自己正被胡扯規則糾纏，甚至某位權威人士對你具有

強烈的影響力嗎？還記得自己曾經為了服從多數人，而做了不喜歡的事情嗎？你曾經為了融入團體而要求自己循規蹈矩嗎？

　　這些都沒有絕對的對錯，而且是人類的重要學習方法之一。先人正是利用這種方式，將生火、製造車輪、講笑話、烤肉、實施心肺復甦術及聖誕樹裝飾等事務傳承給我們。傳承並非全然不可取，當然也不會全是正確的。有些規則早已不再有用，甚至從一開始就是錯的，是時候卸除那些派不上用場的胡扯規則了。

改變需要一點瘋狂，但不難

　　國家、金錢、交通、教育等理念的至高無上感，是由許多人的深信不疑累積而成的。然而反抗者總是不經意地跳出來，對規則提出質疑，他們會高喊改變世界的口號，因而被貼上理想主義者標籤，或者直接被叫成瘋子。但有時候，某個反抗者就真的成功翻過了團體盲從的高牆，緩慢並堅定地改變人類前進的方向。

　　右頁上圖將有更多的解釋，假設圖中的圓圈代表世俗世界，圈內的無數小點是每個身在其中的人。當某個人或者是你決定不再以大眾的觀點看待這個世界，因此被貼上了「不合群」、「反抗者」、「麻煩製造機」這類的標籤而縮在角落。

　　但你接著做了一些新穎又瘋狂的事情。可能是你寫了一本足以媲美《哈利波特》的新形態童書，或者是創造出不輸給披頭四 (Beatles) 的全新音樂類型。甚至是像伊隆・馬斯克那樣，決定讓新科技普及化。有些不合群的人會失敗，但也會有人成功。世界圓圈會因此帶來如右頁下圖般的新拓展。當初的那個不合群者，現在就成為了遠見之人。

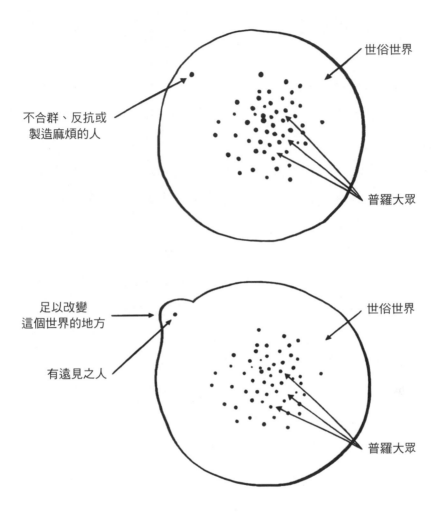

　　狄恩・卡門 (Dean Kamen) 就是這樣的一位遠見之人。我曾在 2015 年拜訪過卡門，他的經歷是我聽過最不可思議的故事之一。

　　狄恩・卡門可說是現代的愛迪生。他擁有超過四百四十項專利。他利用 iBot 機動裝置可說徹底改革了輪椅科技，同時他也是家用血液透析系統的創新者，他的發明「賽格威電動平衡車」(Segway) 使他成為工程界的偶像級人物。他也因此獲得美國國家科學獎章，並進入美國發

明家名人堂。卡門用賽格威平衡車向交通的胡扯規則問道：少了汽車，城市還能得以發展嗎？然而我個人更欣賞他向國家所提出的質疑。卡門因為對政府制度感到失望，就在長島海灣的一座小島上，建立了除去美國及加拿大外的北美第三個國家——北餃島 (North Dumpling Island)，卡門也成為該國的島主暨總統 *。

狄恩・卡門從不盲從不合理的規則。作為美國最偉大的發明家之一，他有著反官僚體系的強勢作風。發明家頭腦及勇於對抗不合理事務的態度令他深具威力。2015 年時，他曾邀請一群人來島上拜訪，並衍生出另一個由一台巨型風力發電機開啟的驚人故事。

這個故事初期就像是場鬧劇，但後來的發展卻不止於此。北餃島原本只是一個隸屬紐約州管轄的島（但北餃島其實鄰近康乃狄克州），卡門非常積極提倡替代能源，所以希望在北餃島上建造一座風力發電機，以便作為他家裡的供電來源。然而紐約當局卻說那座風力發電機會太龐大，而且噪音會干擾到鄰居。「這只是一座島，」卡門說，「根本沒有鄰居！」紐約市府不肯讓步，情況陷入僵局。

卡門當然不是那種願意屈服的人。遠在天邊的紐約市府居然有權告訴他該怎麼經營自己的島嶼，這下可真正惹火他了。於是卡門決定不再忍耐，他找了一位精通美國憲法的哈佛友人，終於被他們發現一條可以讓北餃島不只是脫離紐約，更能脫離美國的法條。於是在 1998 年 4 月 22 日，《紐約時報》發布了一則文章：〈長島海域的新國家〉。

卡門不只創立了自己的國家，他還建立了北餃島的憲法、國歌和貨幣，叫做餃子幣。

---

* 編按：北餃島為私人國家，通常為擁有者宣告成立。

　　大部分的人，應該連想都沒想過要建立自己的國家，或創造貨幣吧？但卡門可不是一般人，或許正是這般追根究柢的思維，使他對交通的胡扯規則提出質疑，從而發明了賽格威。現在的他更是對國家提出挑戰，但他的故事還沒結束。

　　紐約市並不打算輕易放過這座風力發電機，他們仍不斷向卡門發送警告信。卡門將那些信件通通寄給了紐約媒體，並附上一句話：「看看紐約市府多麼無禮，膽敢威脅獨立國家的領袖。」警告信從此消失無蹤。

　　幾個月後卡門經由一位高官朋友的牽線而拜訪白宮，他還拿這件事情向布希總統開玩笑，要美國跟北餃島簽訂互不侵犯公約。

　　你可以想像這引起了多大的關注。一個美國脫口秀節目決定採訪北餃島，拍攝期間，卡門曾向其中一位主持人問道，想不想把他的美元換成餃子幣。當時那位主持人還反諷地說，只要餃子幣是真正的貨幣就行。卡門則告訴他，美元才是該被質疑真假的貨幣。美元早在數十年前便取消了金本位制，現在支撐美元的力道輕如鴻毛。反觀餃子幣的背後有班傑利冰淇淋 (Ben & Jerry's Ice Cream) 公司做靠山。（這是真的，卡門認識這間公司的創始人。）卡門說，冰淇淋能冷凍至華氏三十二度（攝氏〇度），所以餃子幣的背景「穩如泰山」。

　　我在參觀卡門家時，目睹過一張驚人文件。那是一張裱框的文件，是發給布希總統的「對外援助國家債券」，證明北餃島曾向美國提供外援──總金額一百美元。

　　卡門說，北餃島是第一個對美國提供外援的國家。而這張證書的內容說明了原因：

　　　美國曾經引領全球科技發展，但現今美國人民卻極度無知

且漠不關心科學及科技。對於拓展科學與科技發展，美國已然面臨重大威脅……有鑑於此，北餃國承諾將幫助鄰國脫離此般困境，願支持國際組織「激勵及認識科學與技術 (FIRST)」，望能促進並表彰此組織對美國人民的貢獻……

　　卡門沒有把援助一百美元給一個超級大國當作笑話看待。他用一個獨立國家之主的身分扳倒了一個教育的胡扯規則。他想要改變全球教育系統，讓全世界更加關注科學與工程學。

　　FIRST 的成立宗旨是：「創造一個讚揚科學與科技世界，讓年輕人懷抱成為科學與科技領袖的夢想，藉此讓我們翻轉文化。」FIRST 舉辦如奧運般的大型賽事，讓孩子們動手創造各式各樣的機器人。

　　我曾參加 2015 年在聖路易斯市舉辦的「FIRST 機器人挑戰賽」，來自世界各地的高中生組成了大約三萬七千支隊伍，聚集在此用機器人一戰高下。能目睹那些孩子們打造的機器人，實在是很美妙的一件事情。

　　卡門認為，孩子們長大後把運動明星當成偶像並不是一件好事，當然崇拜運動能力並沒有錯，不過我們也需要看重腦力——工程師、科學家，以及那些能帶領人類創新的偉大之人。這便是他希望 FIRST 能完成的目標，而北餃島確實讓更多人注意到了這個組織。

　　北餃島是否為一個獨立國家其實一點也不重要。重要的是卡門的立足點與多數人不一樣。他不斷變通並打破種種常規，追求更好的生活方式，並駭入多數人從未質疑的信念和文化規範：

■ 他發明了「賽格威」，重新定義了公認的交通模式。
■ 他創立北餃島國，用趣味的方式重新定位國家的觀念。

■ 他成立了 FIRST，翻轉科學教育的概念，讓青少年能像參加運動
賽事一樣互相切磋。

卓越之人的思考模式自然與多數人不同，而且他們不被社會中的胡
扯規則阻撓。你也可以，所有人都具有擺脫胡扯規則的能力和責任，不
要讓它們阻止我們追求夢想。所以接下來開始：質疑那些墨守的信念。

你能將那些胡扯規則裝進這片神奇的腦海裡，自然也能淘汰掉那些
規則，重新加入帶來真正力量的信念。光有了這個念頭，已經足以掙開
枷鎖了。因此，我們來到了第二條卓越法則：

卓越法則二：質疑胡扯規則

當卓越之人發現胡扯規則與自己的夢想和渴望背道而馳時，他
們會抱持質疑的態度。卓越之人認為世界上諸多的常規，多半
源自人們盲從早已過時的胡扯規則。

規則也需要汰舊換新

我們都需要進步，不論內在或外在、個人或組織系統皆然。因此，
我們得先移除腦海裡的胡扯規則，才能擁抱進化的力量。剛開始的時
候，你可能會像關掉自動駕駛，轉回手動駕駛般的小小慌亂一下，但一
定要對自己有信心，你很快就能掌控自如。人類的最大天賦正是我們能
以嶄新角度看待世界，以及擁有找出解決方法的能力，然後用學習到的

知識去改變人生，進而改變世界。文化是一池活水，人類寫下的文化會隨著生活而改變，世界也跟著轉變。所以，讓我們開始吧！就從你家、你的人生開始，從此由你作主。

◆ 練習：五提問抓出胡扯規則

　　如何檢查自己身上藏有那些胡扯規則？我不是要你拋棄道德倫理標準，而是希望你能重新檢視那些長久以來的陋習和非理性的自我批判這類的規則，好比說：不認真工作就是偷懶；沒有天天打電話給父母就是不孝；沒有像父母一樣認真拜拜或進行宗教行動就是不夠虔誠；我應該用特定的方式對待另一半，否則就不是個好伴侶……這些對你來說是胡扯規則嗎？或者是必須要存在的有效規範呢？你將可從接下來的五種自我提問去獲得答案。

問題一：是基於對人性的信任和希望嗎？

　　這條常規是基於人性本善，還是人性本惡呢？倘若是基於人性本惡的常規，那麼我會傾向懷疑。

　　舉例來說，現今的世界看待「性」即等於莫大罪惡感和不齒，人們甚至制定諸多限制和規定。印度就曾認為，色情網站會使人性情變殘暴、出現性行為偏差，於是阻擋所有網站路徑，結果受到強烈抗議，才四天就又重新開放。

　　另一個例子是基督教的原罪概念，這個胡扯規則以不信任人性為基礎，讓人們覺得自己有罪，不配擁有生命中的美好與成功，對數百萬人產生龐大的負面影響。然而原罪絕對不是真理，世上還有更多人生活中沒有原罪這個概念，也沒有科學證據顯示，人類天生即是罪人。

聖雄甘地曾說過：「不要對人性失去信心。人性像海洋，就算當中有數滴汙水，也不會弄髒整個海洋。」所以，永遠要對人性有信心。

問題二：是否違背黃金準則？

這裡的黃金準則是「己所不欲，勿施於人」。那些取決於膚色、性向、宗教、國籍、性別，或任何蠻橫或主觀標準而決定的是非對錯，都是損人不利己的胡扯規則。

問題三：是否源自文化或宗教信仰而來的胡扯規則？

這個規定是為了特定生活方式或習慣而制定的嗎？大部分的人第一次聽到時會想問「為什麼？」還是深信不疑呢？如果這個規定是宗教或文化的要求，但你其實覺得很困擾，那我認為你不必遵從它了，就如我對吃牛肉所提出的質疑。不過我也很幸運，家人雖然可能覺得不自在，但他們支持我。

你不必因為生在某一文化環境，就一定要按照特定的方式穿著、飲食、結婚或敬神。文化就像水流，活水能匯聚成河流、瀑布甚至海洋；但停止不動時也就只是一灘死水，就像基本教義的種種教條和條規。尊敬每種文化，允許自己看著它流動、進化。而非死守著幾世代前的古人生活方式。

問題四：它是基於理性選擇，還是「別人也這樣」？

那些規則是從小就知道，但從沒想過為何要遵守的嗎？這麼做是因為有益生活，還是你從未想過是否還有更好的方式呢？許多常規既危險又不健康，僅僅是為了社會制約而存在。那些常規正在阻攔你嗎？如果

是，那就先去理解、剖析和提出質疑。是因為別人也這麼做嗎？這麼做有何目的？問問自己是否需要照著做，你會希望下一代也遵守這個規定嗎？抑或是，這些想法——比方說，穿著方式或傳統的道德觀念，正在扼殺並限制你的發展。為了讓那些胡扯規則不再影響我們，甚至下一代，切斷束縛，讓不適用的陋習平靜地走入歷史吧。

問題五：這信念能帶給我快樂嗎？

　　我們所遵從的信念，有時候並不會帶來快樂，但卻是公認又無法逃脫的生活方式。家人或社會告訴我們，某一種信念才是正確的，所以我們踏上了某一個職涯（就像我之前選擇當資訊工程師），或跟特定的人結婚、住在特定地方、有著特定的生活方式。

　　你的個人福祉才是最重要的。只有當你感到快樂的時候，你才能對社會、人際關係、家人及社區貢獻更好。

. . .

　　史帝夫・賈伯斯 (Steve Jobs) 曾在史丹佛畢業典禮上分享這段充滿智慧的演講：

　　　　人生苦短，不要浪費時間活在別人的人生裡。不要被教條困住，不要活在別人思考的結論裡。不要讓旁人意見的雜音壓過你內在的聲音。最重要的是，要有聽從內心與直覺的勇氣。你的內心與直覺早已知道你真正想要成為什麼樣的人。其他一切都是次要的。

質疑之路，刻不容緩

　　你想要質疑那些信念呢？試著用剛才的五個問題檢驗看看。然後再做更多嘗試。不用著急，你才剛學會如何分辨胡扯規則，不需要強迫自己明天早上就能擺脫它們。胡扯規則通常難以察覺且影響力深遠。後續將分享更多策略，幫助你拋開那些胡扯規則，用全新的姿態迎來更美好的快樂、人際關係和成功。但首先，請把自己從過往生活中解放出來。我喜歡用赫特利 (L. P. Hartley) 在 1953 年寫的小說《幽情密使》(*The Go-Between*) 的一段話來比喻：「過去是一座異鄉：那裡的人們做的事情和現在都不一樣。」若真是如此，那麼現在就是你跨出邊境，去探索未知，發現嶄新人生的時候。

　　你的質疑之旅，一定會碰上有人說你是錯的，說你不忠於家人、傳統或文化規範，甚至說你很自私。但想像一下，若心臟不把含氧量最高的血液留給自己，它便會死去。如果心臟死了，肝臟、腎臟、大腦等其他器官也無法活下去。為了讓你自己好好活下去，心臟一定要先對自己自私。因此，不要因為別人說你這麼做是自私、錯誤的行為，便壓抑自己真正的心聲。去打破常規，跳脫傳統社會規範的思維吧，別讓胡扯規則遺害千年。

超越，才能飛得更高更遠

　　當你開始駭入自己的生活，質疑胡扯規則，你便獲得駕馭人生的新力量。自己的規則自己訂，人生自然由你作主。扯你後腿的人事物已經被消滅了，所需負起的權利與責任也將更大。你可以隨時運用本章的五

個自我提問來檢驗各種規則，確保自己不會在新的人生道路上又走歪。

　　超越胡扯規則的人生可能會很嚇人，但也會充滿驚喜與刺激。當你再也無法忍受胡扯規則的支配而行動後，你會覺得自己正在摒棄人生中的重要社會結構，而且別人可能會阻撓你，或跟你爭辯，這種生活方式確實需要勇氣。準備好站穩腳步，才能勇往直前，找到屬於自己的幸福快樂。

　　我的朋友薩爾姆·伊莎朵拉 (Psalm Isadora) 是一位女演員暨知名譚崔 (tantra) 老師，她曾說過：「那些讓你因為選擇自己人生道路而感到內疚的人，其實只是在說：『你看，我比你好，因為我身上的枷鎖比你大』。掙脫鎖鏈需要勇氣，這樣才能開啟你嶄新的人生。」

　　生命真的有限，因此更要用開放的胸懷和體貼的心，面對真實自我，活出最充實的人生。拿出勇氣去改變，並接受改變帶來的結果，你會發現自己可以飛得更高更遠。

　　　「倘若……我們腦海裡的種種規則和方法，其實根本不存在呢？倘若我們相信它在那，是因為我們想要它在那呢？所有的道德約束，以及為了我們更好（或最好）所做的決定……倘若我們以為一切都掌握在手中——但其實並沒有呢？倘若你從未冒險過，不讓自己踏上不同的人生道路，於是錯過了最合適的人生大道呢？然後有一天，你真的覺醒了，你還會選擇冒險嗎？還是你會選擇相信那些常規和理由呢？或者相信你自己的是非觀和希望呢？倘若你的希望、判斷要你走另一條路呢？」

　　　　　　　　　　　　　　　　——喬伊貝爾 (C. Joybell C.)

第二部

覺醒的力量

選擇自己的人生版本

　　小時候父親送我去學跆拳道，希望我能防身兼練習自律。我很喜歡練習，每年也都為了晉級而努力。從白帶開始，慢慢爬升到黃帶、綠帶、藍帶、紅帶，最後取得了朝思暮想的黑帶。

　　這種嚴謹的腰帶級別系統已流傳百年，讓學習者可以有實質上的追求目標，而不僅是虛幻的「成為跆拳道大師」。

　　意識也有分級。現今世人多處於世俗世界中，也就是仍受限於胡扯規則的第一層。而閱讀到第二部的你，意識正在覺醒。你不想再安於現狀，所以開始制定屬於自己的規則。你會開始提出越來越多質疑，而這些都是覺醒層次的提升。當你成長得越多，你的人生會活得更有意義。

　　如果要我用畫的，覺醒大概會長得像下圖：

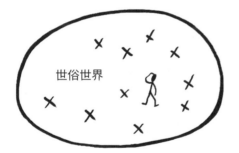 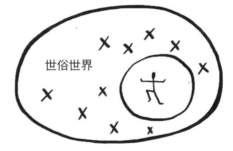

第一層：活在世俗框架中
被許多代表胡扯規則的 X 包圍

第二層：你的自創新世界。在你的
世界中（也就是你身處的內圓），
胡扯規則無法入侵。

　　假設「X」等於各種胡扯規則。覺醒的你將能在這個世俗世界中，創造出一個世界以及專屬於你自己的規則，從而幫助自己成長。

　　你已經來到了更高的層級，你用來影響這個世界並帶領自我成長的工具，是一種我稱之為「意識工程」的方式。你可以把這個方式想成是

你與周遭的世俗世界之間的介面，而且由你來決定該讓那些常規進入你的世界，或與其斷絕往來。如此一來，你的意識形態和影響力將由你來主宰。

　　你選擇相信那些想法和價值觀（我們將把這些稱為「你的現實認知」）？你選擇如何生活、學習和成長（我們將把這些稱為「你的生活系統」）？在接下來的章節中，你將學到如何去選擇有助於你邁向卓越人生的認知和系統。

第 3 章
意識的鍛鍊工程
如何讓意識加速成長

「如果你想教人一種新的思考方式，你就別費力了。不如給他們一項
工具，讓他們藉此找到嶄新的思維角度。」

——巴克明斯特・富勒 (Buckminster Fuller)

以前是資訊工程，現在是意識工程

儘管做不了資訊工程師，但這份專業讓我學到了力抗胡扯規則的一
種新思考方式，也就是「運算思維」(computational- thinking)。

運算思維能訓練你用各種角度去看待問題，從而將問題拆解成數個
過程和部分（分解），再找出其中有無模組（模式辨別），接著以極度
邏輯性的線性方式處理（演算法）。這種思考方式不只是為了找出單一
解答，還要得到可以被複製的解答，意思是每個人（無論來自印度、馬
來西亞或北美的男女老幼）都能用運算思維得到一樣的結果。運算思維
能讓你的思考更邏輯化，使你成為解決問題的高手。程式設計師和駭客
都是精通此道的高手。

自從我在九歲扳倒了禁吃牛肉的胡扯規則後，我開始對生活的各方
面存有質疑。在父母的允許下，我開始用「為什麼我們要這麼做？」的

角度切入種種生活大小事。

　　但那時候的我從未想過，有天我會用這個問題去檢視人類的心智。

十個月的時間從谷底到巔峰

　　為了說明我是如何找到邁向卓越人生的工具，我得先帶你回到我人生的低潮期，因為每次的谷底墜落都是我個人成長的新開始。

　　2001 年我大學畢業後搬到矽谷準備創業。當時的矽谷還沒有如「Y-Combinator」、「500 Startups」之類的創投基金可以投資有抱負的工程師和他們的網路夢。對當時才二十五歲的我來說，資金真的很有限。我帶著所有積蓄，還向我父親借了點錢便開始闖蕩。

　　基本上我的運氣也很差。剛到矽谷沒幾個月就遇上了網路公司泡沫化，光 4 月的報導就提到共有一萬四千人被資遣。當時的我破產又絕望，經常參加無業遊民派對一起以酒澆愁，所有投出去的履歷都沒有回音，身上的錢已經快用光了，連一間雅房都租不起，所以我只租了一張沙發椅。

　　我甚至只能向大學生租一張雙人沙發椅，睡覺時兩條腿都要掛在半空中。旁邊的暖爐機上擺著我的衣服、書籍、筆電，還有我破碎的夢想。明明已經取得資訊工程學位，卻過得比大學生都還慘，這副模樣實在令我自慚形穢。

　　就在我履歷投到快絕望的時候，終於收到了一個回覆，有家公司正在找向律師事務所兜售案件管理軟體的電話銷售員。這是份沒底薪的論件計酬工作，那時的經濟差到新創公司甚至可以不付員工基本薪資。

　　我對銷售和行銷一無所知，但這是我唯一的機會，所以我便答應了。

　　我的工作是先去一趟舊金山公共圖書館，複印一份我被分派到的區域——聖安東尼奧市的電話簿，找出裡面所有的律師事務所電話，然後從名冊上的第一家開始推銷，直到某一位律師無聊到肯聽我說完所有內容。我還因為老闆覺得德州律師沒辦法念好我的名字——維申，所以改稱自己叫文森‧拉克亞尼。

　　一開始我大概每月能賺兩千五百美元的佣金，仍然難以應付生計。然而，轉機往往發生在這個時候。人總是在即將更邁上一層樓前容易感到沮喪，還記得第一章的人生道路圖嗎？卓越的人生本來就是一條崎嶇道路。此時我正處於另一個低潮期，但它將有助我成長及學習。

　　我在對生活感到乏味且有些鬱卒時上網搜尋了一些進修課程，希望能幫助自己的心思暫時跳脫這份苦差事。我已經不記得當時我在找什麼了，可能是「希望」，也可能是「成功」，或者「為什麼生活這麼苦悶」的字眼吧。然後我發現一堂很有趣的課，講師是藥局的銷售員，課程的內容是分享如何借用冥想和直覺，讓她能迅速衝高銷售量，而且地點就在洛杉磯。我立刻決定飛去上課。當我抵達課堂時才發現只有我一位學生（當時冥想課程還沒現在這麼熱門）。我一天就把兩天的課程學完，然後當晚就飛回舊金山。

　　我所學到的技巧很簡單，主要就是讓心靈進入自然狀態，或稱 α 波 (Alpha) 狀態。α 波是當我們進入冥想時，身心放鬆而呈現出來的一種腦波頻率。提倡這種靜心方式的人認為，α 波能讓直覺、創造力和解決問題的能力緊密連結在一起。我在課堂上學習到要傾聽內心的聲音或直覺，所以我在打電話時，不再像我的同事那樣，打給電話簿上的每一位律師。相反地，我讓心靈先進入放鬆的靜心狀態，手指游移在電話簿上，然後打電話給那些讓我有「感應」的律師。這很像是臆測，但我

會多加留意這股感應。雖然邏輯上講不太通，但我發現傾聽這股感應之後，我所找的律師更有意願購買軟體，成交率開始迅速攀升。

你認為學會冥想後，會出現多大的轉變呢？除了想學會放鬆和釋放壓力之外，我沒有抱持更多的期望了。可是在我從洛杉磯回來後的第一個禮拜就打破自己的每週銷售業績紀錄。本來以為這不過是湊巧罷了，但是我隔週又成交了兩筆訂單，下下週也是，而且業績越來越好。一個月後，我平均每週可以成交三筆生意。傾聽直覺似乎讓我更容易找到願意接電話的律師，成功機率是過去的三倍之多。

其他方面也跟著有所進展了。我開始覺得更快樂，也更正面地過日子。我的自信心提升了，與同事的關係也變得融洽多了。這些功勞都得歸功於冥想，我每天都會冥想十五至三十分鐘，傾聽內心的直覺，並想像自己輕鬆完成訂單的模樣。

接著我從另一堂課學到一種有關同理心的簡單技巧，讓我能更有效地與人建立連結。之後當我要開始打電話前，我會用三分鐘的時間對自己信心喊話：「對客戶的需求要感同身受，在對的時機說對的話」。我還會冥想律師就在我的面前，我正對他投以最親切且溫暖的善意，只要雙方能皆大歡喜，那麼訂單一定會成交。

原先毫無業務經驗的我，在短短四個月內就因為業績的不斷攀升而連升三級，成為銷售主管和公司內的業績王。2002 年 9 月，老闆在我加入公司滿九個月後把我派到了紐約市。

我在這間公司裡不斷成長，我也持續實驗、調整並精進我的冥想法。隨著每次精進，我的工作能力好像又更加進步了。不久後我甚至能一人身兼業務開發主管（負責公司在 Google 的關鍵字廣告活動）以及紐約辦公室的最高主管二職，而且表現皆可圈可點，薪水在短時間內就

翻漲了三倍之多。

那時候的我還不太確定為何能得到成功的眷顧，我只知道所做的事情是有用的。

當運算思維遇見個人成長

我很快就在銷售領域收穫滿滿，也激勵了我想去更了解人類的心智解碼。我知道我們能透過邏輯方式，來改善工作表現，例如閱讀一本有關銷售的書籍。不過，我之前所運用的方法卻能在很短的時間內大幅提升績效，扭轉了我的生活。

過去的運算思維訓練在這個重要時刻派上用場了。我想拆解看似一大團纏繞打結的人類行為，比如思緒、行為、反應、情緒、衝動、驅動、渴望或習慣。

隨著我越來越懂得這些自我意識的操縱方法，我開始想要開班授課，因為我已經親身體驗過成效有多強烈。我在 2003 年辭掉了軟體銷售工作，以不超過七百美元的資金成立了一間小型電子商務公司「Mindvalley」。我們推出的第一項產品是我向別間出版社買來的冥想類唱片。隨著 Mindvalley 的茁壯，我也像多數公司一樣，盡可能地推出多樣化的產品服務，教人要心存正念，多冥想、沉思，以及如何建立更好的人際關係、營養和健康。基本上都是為了擁有更豐富、健康且更有意義的人生，但現今的工業時代的教育系統沒有教我們的知識。不久後我們便推出了許多美國優秀思想家的各類身心健康及覺醒出版品，比方說肯恩‧威爾伯 (Ken Wilber)、JJ‧維珍 (JJ Virgin)、麥可‧貝克維 (Michael Beckwith)。經過十二年後，這間公司沒有向銀行借過錢，也沒

有籌募創投資金，員工人數已經成長至兩百人，以及超過五十萬名的付費學員。

接下來我開始有機會去認識許多美國人類發展領域的專家，並會晤最頂尖的知名人士。我曾受邀前往東尼・羅賓斯 (Tony Robbins) 在斐濟的私人宅邸參加九天靜修營，他是一名優秀的作家及勵志演說家。我也曾經透過網路與知名的生物駭客戴夫・亞斯普雷 (Dave Asprey) 一起激盪腦力，探討不同層面的大腦意識。我拜訪過印度的大師和宗師、正處於巔峰的億萬富翁，以及商場上和社會上的傳奇人物。我與這些人的每一次會面、訪談和經歷，經過消化、吸收並重組後，最後成為這本書的骨架。

為了讓我們徹底了解自己，並發揮夢想中的最大潛力，我亟欲找出全新模式和系統。因此我的駭客腦袋總是在努力找出能夠循序漸進、讓更多的人都能有一番成就的有效方法。這個模式就是意識工程。

人類意識作業系統

在過去的二十年間，電腦作業系統一直在更新，我在密西根大學所使用的作業系統是枯燥乏味的 1996 年麥金塔電腦，而現今的 MacBooks 使用的是最新進的「Mac OS」。為了讓電腦跑能越快越好，我們每過不了幾年就得更新電腦的作業系統，才能輕鬆處理日漸繁複的工作。

然而，有多少人曾想過自己也跟電腦一樣需要更新作業系統呢？意識工程是人類心智的作業系統，而這個作業系統的美妙之處在於它很簡單，只有兩個重點。

一、你的現實認知（你的硬體）

　　你的現實認知是你對這個世界的信念。我們在第二章節已經談到了，我們所信以為真的常規多半是如同史帝夫‧賈伯斯所說的「由不比你聰明的那些人」對你潛移默化的結果。我們的經濟體系、婚姻定義、飲食內容，以及教育和工作的方式多是根據祖先們所流傳下來的古早信念架構而成的，他們所生活的背景早已不能與我們相提並論。

　　有些人從小會被教導要賦予自己權責。然而，大部分的人總會有一兩個叫我們別太認真的消極念頭。然而無論這些信念為何，它能成真是因為我們選擇相信它。所以，我們的信念確實塑造了我們的世界。

　　儘管信念造就了你，但你的信念不是你。你可以運用意識工程來瓦解老舊信念，重新裝上新的信念，讓你用更適合自己的方式去理解這個世界。

　　以電腦做比喻，你可以把現實認知想成是你的硬體。想要速度更快的機器，或解析度更好的螢幕嗎？你只需要汰舊換新即可。需要更多儲存空間嗎？那就把舊硬碟換成容量更大的硬碟。信念也是如此，你絕對有權汰舊換新那些不適用的觀念。當你質疑胡扯規則並用更有用的規則取而代之，你就是在升級自己的作業系統。換句話說，當你選擇了你所相信的信念，你才真正地掌握自己的人生。

　　汰舊換新太重要了，因為現實認知不只影響我們對事情的見解，更導致了我們對生活的感受。不僅如此，現實認知更決定了我們每一天所經歷的世界是什麼模樣。

• • •

我們的現實認知讓我們成為今日的自己。正如前章所提，許多人的現實認知並非出自他們理性的選擇，而是模仿所致。我們對生活、愛情、工作、育兒、自己身體和價值的信念往往是因為我們天性傾向仿效身邊的人們，以及他們的作法而形成。你對世界的想法和信念，不只形塑了你這個人，更可能會劇烈地改變你的世界。

艾倫・蘭格 (Ellen Langer) 博士和艾莉雅・庫爾 (Alia J. Crum) 博士一同進行了一項研究，並將結果發表在 2007 年的《心理學研究》期刊 (*Psychological Science*) 上。他們調查了八十四位飯店女服務生的運動情況。你或許會認為，清理飯店房間的工作非常耗費體力，那些女服務生會說自己「很常運動」。不過，雖然她們每天要整理約十五間房，三分之一的人卻說自己完全不運動，而剩下三分之二的人則說沒有固定運動的習慣。剛利用週末打掃家裡的人會告訴你，打掃房間、更換床單、吸地板等家事可是一項大工程。但以飯店服務生的現實認知來看，她們不認為這些工作是「運動」。這個認知似乎有理可證，因為當研究人員評估那些女服務生的體態時，發現她們與久坐的上班族並無兩樣。

有趣的地方要來了，研究人員接著開始向這些女服務生灌輸一個新的現實認知。他們告訴其中四十四位女服務生，她們的日常工作已經達到美國疾病管制局 (CDC) 所建議的活動量指標，甚至超過了經國家公共衛生局局長所認可的運動量。研究人員還提供各項清潔工作所消耗的卡路里資訊，並整理出類似的數據，讓女服務生在工作時可以參考。簡單來說，研究人員改變了她們的信念，讓她們知道自己所做的工作其實就是一種運動。

研究人員在一個月後再度追蹤實驗結果。他們驚訝地發現那些被灌輸健康資訊的女服務生平均都瘦了近 1 公斤，血壓也降低了。整體來

說，她們**明顯更健康了**。猜到了嗎？那些女服務生告訴研究人員，她們的日常活動沒變，唯一的改變正是研究人員告訴她們的「事實」。研究人員成功地改掉她們舊有的現實認知，並植入了一個新的模式，使她們將工作視為「運動」。而結果呢，她們親身體驗了這個變化。

這個研究正是「安慰劑效應」的由來——人體變化的影響結果完全來自人們的內心所致，而非某種藥物治療，因此安慰劑效應對運動健身也有舉足輕重的效果。

神奇吧？寬心藥帶來了多麼正面的改變。倘若我們的心靈有如此強大的力量，轉念便能鼓勵員工更積極投入工作，或者影響健康，那麼要是我們用這股心靈的力量去掌控心情、自信心、快樂，和所有能左右我們人生品質的事物，會有什麼樣的成果呢？

飯店女服務生的研究證實了你的現實認知不是你，但卻造就了你。當你了解這一點後，你可以淘汰不好的、過時的認知，用更有效的認知賦予自己轉變世界的強大力量。讓我們再回到電腦硬體的比喻上，如果你的電腦硬體已經無法負荷你要處理的工作時，你就要換一台跑得更快更好的電腦、高品質的螢幕和高效能的滑鼠。看看近三十年來，我們的電腦如今變得多麼時髦又高效率。如果我們的思維也能那般精闢且靈活，不是更好嗎？如果你能汰舊換新自己對於生活、工作、健康、競爭力的信念，會發生什麼事情呢？

在我學會了信念的力量後，我選擇了有助健康、保持活力的現實認知。我決定要活到百歲，而我的認知是早上七分鐘的運動，能讓我獲得在健身房運動幾小時一樣的效果，我會更健康、體態更勝過二十幾歲的自己。我所認同的信念是將工作視為人生最快樂的事情之一，所以我更能享受每一天所做的事情。所有人都有能力決定要相信些什麼，全掌握

在你手中。

相信你的信念可以改變你的世界，你不必繼續帶著童年的舊鏡框，接下來就要從第二個認知重點來教你如何升級，使自己擁有嶄新且最理想的種種信念。

二、生活系統（你的軟體）

如果說現實認知是人類這台「機器」的硬體，那麼生活系統便是軟體。生活系統是你的日常活動和習慣，包含了飲食方式（你對營養所抱持的信念）、工作態度（你所相信的職業和認可的工作行為）、金錢觀念（你對賺錢的難易度認知，以及擁有許多錢會感到愧疚或驕傲）。還有許多其他生活系統，比方說如何育兒、感情、交友、健身、解決問題、完成工作專案、改變世界以及玩樂。

生活系統其實不難學，而且這應該是一種隨時都能輕鬆更新的系統。問題是，我們那個停留在工業時代的教育系統還來不及教我們更新的方法。沒人教我們最理想的運動、戀愛、育兒、飲食，甚至速讀或增壽方法。我認為生活系統就像電腦或手機的應用程式，你能依據特定目的或為了解決特定問題而下載或更新。有更好的程式研發出來了？那就刪掉舊的。最重要的，是你能否找出當前所使用的是那些系統，然後仔細檢查以利判斷那些該汰舊換新。而這正是第三項卓越法則的精髓。

卓越法則三：練習操縱意識

卓越人士知道他們的成長皆來自兩大重點：現實認知與生活系統。他們謹慎地選擇能賦予其最大力量的認知和系統，並經常更新升級。

現實認知與生活系統的三大限制

我們的認知和系統有三大限制：

一、現實認知是由我們所成長的世界編製而成。

二、無論好壞，現實認知決定了我們的生活系統，比如負面信念造就壞習慣。

三、我們都才剛發現自己的心靈力量，因此還無法很有意識地去練習控制自己的認知和系統。

破解三大限制需要我們先從局外人的角度來檢視這個世界，但這其實說比做更容易。我為了找到改善這些認知和系統的方法而開始了一趟遠離現代西方世界的另類文化拜訪之旅。

亞馬遜雨林的奇異課程

克莉絲緹娜和我搭著一台小飛機，從厄瓜多共和國內的一個落寞叢林小鎮普約鎮 (Puyo) 出發，飛過了一整片樹海抵達雨林中心地帶的一座黃土跑道上。接著我們搭船和步行，經過幾個小時後，終於在日落前抵達這次的目的地，阿丘亞 (Achuar) 部落的村莊廷克亞斯 (Tingkias)。

這裡離最近的「文明」城鎮有數百里之遠，周圍只有鬱綠又潮濕的叢林和無數的鳥獸聲。我們計劃在這裡度過五天，從睡覺方式、照顧自己身體，到飲水和尊敬崇高的力量都將會是完全不同的挑戰。

阿丘亞人居住在厄瓜多亞馬遜熱帶雨林區已經好幾個世代，他們鮮少與外界世界接觸，直到 1977 年文明世界才知道這一支部落的存在。他們的生活可讓我們了解相對未受現代文明影響的文化會是什麼模樣。阿丘亞人極少接觸文明社會的世俗常規，他們的現實認知自然與我們截然不同。這不只是飲食、衣著、音樂和舞蹈之類的文化差異。如果有機會了解阿丘亞人的文化，你就會發現他們真的獨特到會讓人以為這是另一個平行世界。

比方說，我們認為「喝水」或「吃早餐」是天經地義的事，但對他們來說卻不具任何意義。和阿丘亞人一起生活的那段日子，著實讓我們大開眼界。我在那邊的所見所聞，從此深刻地改變了我對真實的看法。

第一堂課：常識只是一種人為設定

若你想在村內洗澡可以到附近的池塘，但要是想喝水，可就沒那麼幸運了。因為你洗澡的水塘也是部落裡所有族人的共同水源，洗澡、喝水都在這裡。水裡已經充滿了細菌，喝裡頭的水絕對很不明智。

我們認為人都需要喝水，你甚至會認為喝水是絕對現實。然而，由於亞馬遜叢林裡沒有乾淨的水源，阿丘亞人便發明了一種妙招。部落婦女將收割來的木薯煮熟並磨成泥狀，接著放入口中反覆咀嚼後再吐到碗裡。她們會取池塘的水，加入木薯與唾液的混合物，再放置幾天後，讓碗中的混合物發酵成酒精殺死細菌。最後你拿到的不是水，而是一種用部落婦女的唾液發酵而成的啤酒「吉開酒」(chichi)。每一位阿丘亞婦

女都會為她的丈夫（這個部落是實施多妻制）和小孩，釀造獨家口味的吉開酒，因為她們唾液的味道不盡相同。當男人每天外出打獵時，女人則花好幾個小時反覆咀嚼再唾吐出來製造吉開酒。這個工作很繁重，因為要供給所有的族人。

　　吉開酒是什麼味道？嗯，我可能是因為不習慣，所以覺得很難喝。然而對阿丘亞人來說，這可是一等美酒。當男人結束一整天狩獵工作回到家，一定渴望喝上一大碗吉開酒。雖然我們聽起來覺得很怪，但對他們來說卻完全是他們的生活常態，也是考驗他們居住在世界上最艱難的地方之一，而發展出的生存之道。

　　喝水是一種生活常態嗎？對大部分的人類來說確實如此。然而，對阿丘亞人來說，喝水很奇怪，而且水很難喝。這也再次證明我們對常態的定義，完全是種人為設定。

　　我們的文化是經過數千年，無數想法誕生、衝突，然後消散或奪得勝利後的結果，可能還無關對錯。而且我敢說我們的文化絕對不是來自人類的純理性選擇。許多文化是仿效和意外所致，但是，無論文化好壞，我們都將文化視為唯一生存法則並嚴格遵守。看看阿丘亞人，然後再看看自己，或許你已經更能理解到我們的生活方式是具可塑性、可供大家爭取、掌握在自己手上，而且是可以被質疑的。

第二堂課：現實認知（無論好或壞）決定了我們的生活系統

　　阿丘亞人沒有神的概念。反之，他們相信動植物能支配人類靈魂，且可以用語言和徵兆與這些靈魂溝通。阿丘亞人會喝下一種藥草做成的「死藤水」(ayahuasca)，讓他們體驗如幻似夢的感應並以此和這個世界溝通。

　　村莊剛好遇到一位巫師來訪，我便決定體驗死藤水儀式。我跪在巫師前方的平台上，夜色漆黑使我看不清他的臉，只看得見他嘴上叼著菸草發出的點點火光。時間彷彿回到了古老世紀，巫師口中念念有詞，菸草的煙霧噴在我的臉上，他拿著一根樹枝輕輕地敲打著我，然後餵了一小口珍貴的死藤水給我。

　　一開始沒什麼感覺，然後突然一陣強烈的胃痛襲來，我痛到跪了下來，頭抵著平台邊緣開始劇烈嘔吐。我的導遊抓著我的手臂和大腿以免我從平台跌出去。再過了四至五分鐘後，我不再嘔吐，但身體卻虛弱到幾乎無法行走。他們扶我躺到吊床上。一閉上眼卻看見如萬花筒般的五顏六色在我眼前不斷旋轉、移動又聚攏。

　　我睜開眼並轉身望向叢林，樹木看起來就像是莫里斯‧桑達克(Maurice Sendak) 的《野獸國》(*Where the Wild Things Are*) 一書中所描述的巨大且友善的怪獸。腦中好像響起了桑達克的名句：「咱們開始大鬧特鬧吧！」我不知道盯著那些大樹怪獸看了多久，直到一陣睡意襲來。但當我一閉上眼睛，又掉入萬花筒般的世界中，各種形狀、顏色的圖案不斷地在腦海裡狂舞。

　　當一開始的害怕過去後我反而開始覺得平靜。我感覺自己與森林、樹木、濕氣、天空合為一體。那種沒有過去亦無未來，充分感受當下的體驗實在太絕妙了，最後我直接一覺到天亮。

　　阿丘亞人相信森林有靈魂，他們藉由死藤水去體驗靈魂溝通這個生活系統。同樣地，我們的文化也會為了回應當時的特定信念而推進生活系統。但現在卻變成好像只是一種習慣，因為已經這麼做好長一段時間了，我們甚至不清楚當初為何開始這麼做。如果你繼續深究那些「本來應該這麼做」的生活系統，便會發現這些其實是源自過往的信念，然後

藉由你從小的薰陶而成形。

第三堂課：我們當今的認知和系統都無法實踐我們的意識

　　當今諸多的認知和生活系統都只是基於物質需求而發展的，包含我們所吃的食物、該如何照顧身體健康、養顏美容等，卻幾乎不見任何能促進心靈和靈性方面創新發展的系統，直到最近。

　　阿丘亞人每天凌晨四點起床，族人會群聚在火堆前面，一邊喝一種叫「瓦勻薩」(wayusa) 的早茶，一邊分享彼此的生活經歷、煩惱、憂愁，還有昨晚所做的夢。一般人認為夢境是一閃而逝的影像，忙碌的生活讓我們很快便記不得那些內容。但是阿丘亞人則不一樣，他們認為白天和夜晚的經歷一樣重要，他們會混合夢境與現實世界的體驗，藉此解決煩惱、冒險，以及與族人和靈界溝通。阿丘亞人的早茶是一場淨化心靈的儀式。

　　阿丘亞人是因為有什麼獨特天賦才得以記住夢境的嗎？或許吧，但可能不只如此。與我們同行深入雨林的人之中，有一位是知名的慈善家兼人道援助工作者琳恩‧崔斯特 (Lynne Twist)。琳恩說她曾反覆夢見臉上有明顯紅色印記的土著，他們似乎正在召喚她前來幫助。當她向朋友描述這些畫面時，其中一人提到她所描述的長相與阿丘亞人極為相似。所以琳恩才會到厄瓜多來拜會這個部落。當時由於伐木業者、石油和天然氣公司大肆開發亞馬遜森林，使得阿丘亞人幾乎要被迫遠離數百年來居住的家園。於是，琳恩與厄瓜多政府及阿丘亞人合作，推動立法保護多達四百萬英畝的亞馬遜雨林。

　　這一切都始於那些似乎在她夢裡向她求助的夢境訪客。夢境是否遠超過現今社會所認定的模樣呢？或許對阿丘亞人來說，參與清晨早茶的

活動不僅只是探索夢中的世界。

我們是否都缺乏這種深層心靈的體驗和能力呢？也許像看不見藍色的辛巴族人一樣，我們也感受不到自己的深層靈魂？

人類是現實的生物，所以會隨著我們的身體系統迅速進化。想想這一年內你曾接觸過多少創新飲食和運動方式。然而，我們心靈的進展卻仍停留在過去。許多人雖不滿意傳統宗教信仰的諸多教條，但這已經不是什麼新鮮事了。現在我們終於可以去了解心靈世界有多麼遼闊，除了遵從家族的信仰以外，我們可以有更多的選擇。我總相信心靈系統需要一次大躍進，而阿丘亞人的晨間儀式令我大為震驚。

後續的章節會繼續討論如何更新現實認知和生活系統，進而促進心靈成長趕上身體進化。

你可以超越文化

我們或許覺得阿丘亞人的生活方式很怪異，但對他們來說，我們才是異類。為了趕完充滿壓力的工作，我們把孩子送去托兒所；我們幾乎整天坐在一台發亮的螢幕前；為了燃燒前一天攝取的熱量，我們下班後還得瘋狂運動；我們把老人送去安養院，然後時刻擔憂他們的照護；我們會用藥物來克制各種被認定是負面的情緒，喝提神飲量幫助自己保持清醒，然後又吃安眠藥幫助睡眠；我們要不食物過剩、要不因為壓力而暴飲暴食。每個族群都有各自的問題，但阿丘亞人讓我察覺所謂朝九晚五的工作、婚姻、育兒、敬老及過生活的方式，只是因為我們以前用起來還可以，所以就延續下來並拼湊成了日常生活。當你意識到這件事實後，你也獲得了超越並進化這些文化習慣的能力。

安裝你的改變軟體

肯恩・威爾伯 (Ken Wilber) 是我接下來拜訪的人，他被讚譽為當今最聰明的人之一，其二十五本著作已經被翻譯成三十種語言。威爾伯發明的「整合理論」(Integral Theory) 結合諸如文化研究、人類學、系統理論、發展心理學、生物學和靈性等各家學說，堪稱是最完整的一種哲學理論。從比爾・柯林頓 (Bill Clinton) 到卡通角色柯米蛙 (Kermit the Frog) 都曾引述過肯恩的言論，許多領域更是廣泛應用了他的整合理論，例如生態、永續發展、心理治療、精神病學、教育、商業、醫療、政治、運動及藝術。我在訪問威爾伯的五個小時中，提及了他對人類發展模式的看法，以及進化意識的方式。

有一個問題是他覺得理想的兒童教育課程是什麼模樣？以下是肯恩的回答：

人類潛力尚未完全發揮出來，因為我們的教育沒有培育全人，或完整人類的能力。我們只教了潛能中的一小塊，或一小片而已……根據世界上那些偉大又充滿智慧的傳統來看，人類不單只擁有一般的意識狀態（比方說甦醒、做夢或深層睡眠），人類絕對擁有更高層面的意識狀態（例如開悟或覺醒），但我們的教育卻從來不教那些更高層面的意識狀態。我所說的這些狀態都不是罕見或新奇的祕術，這些只是人類最基礎、根本的潛力，但我們卻不教孩子成為全人。我們只教他們成為十分之一的人類。所以，沒錯，我堅信如果我們能從全人教育著手，教導孩子們所有的基礎潛能、能耐和技巧，並停止

目前片段又不完整的教育系統，我們一定能為地球和人類帶來
更美好的世界。

　　我所提及過的意識工程，不只關心幸福美滿——儘管幸福美滿是很
棒的附帶結果。意識工程的重點是除了要超越身為人所具備的基本能耐，
還要努力成為最高層次的人類，從而讓自己發揮最大潛能。學會了這個
架構將成為你最有利的工具，正如一句名言：讓世界因我們而更美好。
　　現實認知的改變往往是經過頓悟或洞察而形成的個人成長。這是一
種彈指間發生的覺醒或啟發。一旦你採納了比以前更好、更新的現實認
知，你就回不去了，我正是個實例。
　　從另一方面來看，改變生活系統是一種過程變遷。以交通方式來說
明的話，就像在既定過程中一步一腳印地從騎腳踏車升級成開車。

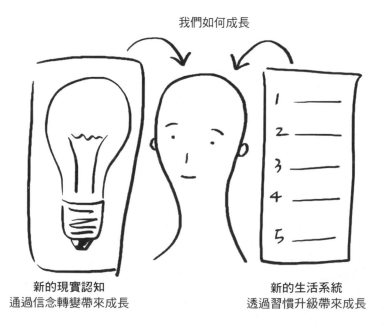

我們如何成長

新的現實認知
通過信念轉變帶來成長

新的生活系統
透過習慣升級帶來成長

　　一旦你了解了這個意識工程的操作法，你便可以把自己視為一個高規格的作業系統，隨時準備好安裝全新的硬體（現實認知）和應用程式（生活系統）。你已經知道自己總能找到更新、更好的模式和系統，所以你再也不會受到舊有常規的束縛了。

　　簡言之，你已經準備好能隨時改變及成長了。

加速學習的腳步

　　意識工程會幫你在腦海中劃出一幅心智圖 (mental map)，所以你能學得更好更快。

　　伊隆・馬斯克 (Elon Musk) 在一次由 Reddit.com 舉辦的問答中，被問到：「你是怎麼做到快速學習的？」

　　他回答：「重點在於將知識看作一顆語意樹，先確保自己了解基本原則，也就是樹幹和樹枝，然後再進入樹葉（細節）的部分，否則空有樹葉也無樹可依附。」

　　你可以把個人成長想成一棵樹，而意識工程就好比樹幹。樹幹上有兩根大樹枝是現實認知和生活系統。你從個人成長中所學到的事物將依附在這兩根大樹枝上，成為一種新認知（比方說，全新的金錢觀），或者帶來一次系統升級（例如新的運動或飲食方式）。

　　一旦你能熟練地操作意識工程後，每一次閱讀自我成長或保健類的書籍，或者偉人傳記時，汰舊換新的工程就會自動開啟。

・　・　・

　　我們總在聽完他人的成功故事後，才想起自己也有許多未被啟發的能力。無論是像美國發明家狄恩・卡門那樣發明了一種新的事物，或者

為人類社會挺身而出的公民，我們稱那些為勇氣、才華、遠見，甚至奇蹟。然而，這些其實都可藉由定期進行意識工程來完成，而且我們都是自己的大腦駭客，所以我們一定都辦得到。

接下來是一項重要的練習。當我們能在生活中徹底執行意識工程的時候，才能發揮出它的最大效能。因此，我們首先要找出意識工程可以用在那些關鍵的生活面上；再來，我們需要精確地找到那些生活面需要恢復平衡。

◆ 練習：十二平衡領域

瓊恩・布徹爾 (Jon Butcher) 是美國知名郵購公司「美好時光」(Precious Moments) 的老闆，專門販售可愛的陶瓷娃娃禮品。他是當今美國最成功的創業家之一，擁有財富、成功、完美的婚姻、好教養的小孩，以及充滿冒險的人生。但他的獨到之處在於維持生活的平衡，舉例來說，瓊恩已經當爺爺了，但你會誤以為他只有四十幾歲。瓊恩說自己的祕訣就是設定人生目標的方法。

瓊恩將人生分成十二個類別，然後找出每一個類別的信念、願景、策略和目標。當有朋友問起瓊恩祕訣是什麼的時候，他便會教人這套《人生計劃書》(*Lifebook*) 的系統原型。

人生計劃書是一套為期四天的個人成長研討會，而我現在要分享的概念，有一部分就是我 2010 年參加研討會後受到的啟發。為了幫助你找出適合生活應用的模式和系統，我依瓊恩的十二個類別修改成接下來的練習（我的十二個領域跟瓊恩的十二個類別是不一樣的），好讓你能找出那些領域需要升級。我稱這些為「**十二平衡領域**」。每一個領域都很重要，都會影響並形塑你的人生。這套練習能有助全面提升自己而不

怕漏掉任何一部分。

　　當你在思考人生成長時，一定要全面思考，因為太多人的生活是完全失衡的。有些人或許很有錢但和家人關係卻很不好。有些人也許擁有健康卻背負龐大債務。有些人可能職場得意卻情場失意。卓越人生就是要達成所有生活面的平衡點。我用這「十二個平衡領域」讓我維持人生的平衡，現在輪到你了。

　　接下來的每一個類別，請依自己的情況打分數，從一到十分。一分代表「非常糟糕」，十分代表「棒極了」。如果你手邊有筆，可以把分數寫在旁邊。不要思考太久，第一直覺是最準確的。

一、**親密關係**：你對目前關係，是否感到快樂？無論你是單身且享受目前的狀態、與人交往，或者有愛慕的對象。分數：＿＿＿＿

二、**交友情況**：你是否擁有穩固的友誼？是否認識至少五位友人，他們願意支持你，也喜歡和你相處呢？　　　　分數：＿＿＿＿

三、**人生冒險**：經常去旅行、體驗世界，並參加能帶給你全新體驗和刺激的活動嗎？　　　　　　　　　　　分數：＿＿＿＿

四、**生活環境**：是否滿意生活中的種種環境，包含了你居住的家、你開的車、工作和任何你會待上一段時間的地方，甚至包含旅行時所住的飯店？　　　　　　　　　分數：＿＿＿＿

五、**身體健康**：以目前的年齡來看，你覺得自己健康嗎？有沒有任何不適症狀？　　　　　　　　　　　　　分數：＿＿＿＿

六、**學習生活**：經常學習新事物嗎？你學習及成長的速度很快嗎？讀過幾本書？每年參加幾場研討會或課程呢？學習的腳步永遠不能停下來？　　　　　　　　　　　分數：＿＿＿＿

七、**個人技能**：為了使自己與眾不同，從而成功發展職涯，你精進個人技能的速度很快嗎？正努力成為職人，還是原地踏步呢？

分數：_____

八、**心靈生活**：經常進行靈性思考、冥想或沉思，幫助自己進行心靈交流，從而維持心靈平衡與平靜嗎？　　　分數：_____

九、**職涯發展**：在職場上一帆風順，還是停滯不前呢？如果是自行創業，生意是蓬勃成長，還是原地踏步呢？　　分數：_____

十、**創意生活**：是否會去參與任何有助於發揮創意的活動，比方說繪畫、寫作或演奏樂器呢？你認為自己是一位消費者，還是創造者呢？　　　　　　　　　　　　　　分數：_____

十一、**家庭生活**：整天工作結束後，喜歡回家跟家人待在一起嗎？如果還沒結婚，或是還沒有小孩，你的家人便是你的父母及手足。　　　　　　　　　　　　　分數：_____

十二、**社區生活**：對自己所生活的社區，是否有所貢獻或扮演重要角色呢？　　　　　　　　　　　　分數：_____

你看到想改善的領域了嗎？沒錯，現在你已經在邁向卓越人生的起點。現在只要記住，你是如何評比每一個領域的分數即可。在接下來的幾個章節，我們將會逐一回到這十二平衡領域，一起找出你想要改善那些現實認知和生活系統。

第 4 章
重塑你的現實認知
學習選擇並升級我們的信念

「信念有如軍令，告訴我們什麼是可能和不可能，以及我們能做或不能做什麼事情。信念形塑了我們的每一個動作、想法及感受。因此，改變信念才是實際並持續改變生活的核心方法。」

——東尼・羅賓斯 (Tony Robbins)

僧人的開導

「請問您現在方便嗎？我們聊聊吧。」2009 年時，我和當時的一位生意夥伴受邀參加斐濟納馬萊度假村為期九天的高階靜心營，一位年輕僧人在最後一天找上了我。度假村的主人是東尼・羅賓斯 (Tony Robbins)，他是一名作者兼世界知名的心靈導師。我們這一梯次的成員包含了好萊塢演員、股市名人，前美國小姐及印度的修行者。

靜心營除了幫助我們完成自我探索，了解真實的自我以及潛力外，最後還會有一位僧人與我們進行個別諮詢並提供一項「啟示」。

負責我的那位僧人在豪華晚宴才剛進行到一半的時候找上了我。

「你想去哪裡談呢？」既然僧人都開口了，我便回問。

「去熱水浴池那邊吧。」他說。

於是我們走向戶外的熱水浴池，斐濟的夜空布滿了無數的星星。我泡進浴池裡，僧人則坐在池邊看著我說：

「你知道你的問題在哪裡嗎？」

「我不知道，」我回答。我很驚訝聽到他這麼問，而且老實說自己還有點不高興，「我的問題是什麼？」

「你的自尊心不夠高。」搞什麼……？

「我不這麼認為，」我回答，並盡可能保持禮貌，同時試著不要透露出一絲的不悅。「我覺得自己挺有自信的。我自己開公司，對生活充滿熱情……」

「不不不。」他打斷我的話。「你的自尊心不夠高，這才是你所有問題的來源。我觀察過你，當你跟那位生意夥伴一起進行腦力激盪的時候，你在他反駁你時會不安，態度也變得防備。我敢說你跟太太、或者其他人相處也是如此。你無法接納批評，因為你的自尊心不夠高。」

這句話像是一個巴掌打在我臉上。浴池裡的溫水也變得沒那麼溫暖了。僧人說得沒錯。經過九天的冥想和自我反省，我變得更容易接納這類的諫言，即便那聽起來刺耳。

我確實在腦力激盪活動上表現得過於防備。我在家裡確實常常感到受傷或者被誤解。但真正的問題不在於我的想法被否決、被誤解或者別人不願意聽我說。一切都是因為我總是覺得自己不夠好，所以我才會處處防備。我認為否決我的想法，等於否決我。

這正是為什麼我要創業。為了證明我有價值，我夠優秀。

這正是為什麼我要在這個城市裡，打造最美的辦公室。為了證明我辦得到。

這正是為什麼我要賺大錢。為了證明我有能力。

「我需要證明自己夠好」是我長久以來得以成功的現實信念。而「我必須證明自己」的想法一直在帶給我痛苦。如果沒有這些信念的侷限，我的事業和人際關係是否能更上一層樓？而且無須付出原先的那些代價呢？

現實認知第一課

現實認知通常深埋於心。直到某些人事物的發生或干預才會浮出水面。

如果我能建立「我夠好且不必證明自己」的信念，會發生什麼事呢？

我們知道現實信念認知的存在。比方說，我相信有使命感很重要，我相信感激的力量，也相信要善待共事的夥伴。然而，我們自己卻不知道腦海深處藏了那些現實認知。你認為自己所相信的信念其實遠遠不及那些你不知道卻深信不疑的認知。

所謂變得更有智慧並邁向卓越人生，意思是變得更明白自己有那些現實認知。

我從未意識到自己有「我不夠好」的信念。看見這個信念並學習放下它，對我的生活品質產生了莫大影響，也改變了我如何當別人的朋友、同事和丈夫。

我們將在這一章探討過往的世界是如何將特定信念注入我們的腦海裡，以及這些信念如何形塑我們的今天和未來。我們也將學習如何找出自己尚未覺察的現實認知並汰舊換新。在此，第一步是要了解自己是如何接納這些認知的。

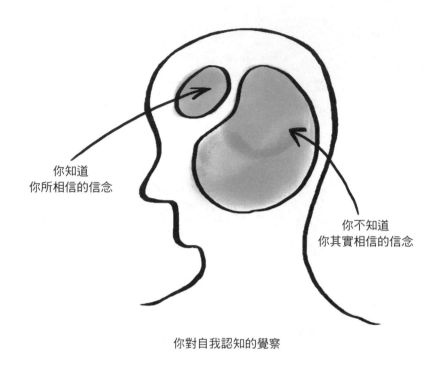

你知道
你所相信的信念

你不知道
你其實相信的信念

你對自我認知的覺察

大學舞會的點醒

「我不夠好」的信念和其他現實認知的框架，都是從何而來的呢？
大多數都來自我們的童年。

我從小在馬來西亞首都吉隆坡長大，但我的家族來自北印度。而我
的同學都來自中國或東南亞國家，所以我的長相和膚色都跟其他同學不
太一樣。身為少數民族的孩子，我的校園生活過得並不容易。小學裡同
學會取笑我是「大猩猩」，因為我有腿毛。他們叫我「鷹勾鼻」，因為
我的鼻子又大又凸出。於是，我從小就覺得自己是異類。我討厭我的大
鼻子，和像「黑猩猩」般的雙腳。

到了十三歲時，我父親送我去一間專收外籍學生的私校就讀。學生

的背景很多元化，我總算不覺得自己是異類了。但青春期又是另一種挑戰。那時我有嚴重的青春痘問題，必須經常看醫生並服用治療青春痘的藥物。於是我又獲得了一個稱號：豆花臉。不只如此，我也開始視力惡化而必須戴眼鏡。但是鏡片實在太重了常常摔壞。我只好用膠帶補起來，然後我看起來越來越像典型的書呆子，眼鏡上還黏著膠帶。你可以想像，我的青少年生活真的不好過。

對外表的負面想法徹底摧毀了我的自信心，我變成一個社交呆頭鵝，幾乎不約朋友出去，即使有喜歡的女孩子也不敢開口邀約。

大學時的我依然覺得自己是個專門被發好人卡的工程宅男，就是那種女孩子只願意跟我當朋友，卻不願意交往的那種人。直到某一次的大學舞會，我終於迎來了一場轉變。我可能一口氣喝太多啤酒了，竟然敢跑去跟舞會中最美麗的女孩一起跳舞。她的名字叫瑪麗，我認識她好多年了，一直都很喜歡她卻苦無機會接近。我在跳舞時情不自禁地吻了她。然後我立刻挺直了身體，怯懦地說著，「對不起，我不是故意的。」我以為自己冒犯了瑪麗。

結果她卻看著我說，「你在開玩笑吧？你超帥的。」接著舞會上最美的女孩子拉住了我的的衣領，並回吻了我。那天晚上的經歷成為了我大學生活最精采的一晚。

當現實認知發生變化時，你的處事態度也會跟著轉變。隔天一早醒來，我便領悟到一項嶄新的事實。如果瑪麗（舞池中最美麗的女孩子）覺得我很帥，或許我其實也挺有吸引力的。

光憑這一點認知就此終結了「我沒有吸引力」的信念。從此改變了我與異性來往的能力。多虧了瑪麗，儘管外表沒變，但是我安裝了新的外貌現實認知，使我開始能展現魅力，轉念就是這麼的神奇。

後來我結識了漂亮、有膽識、聰明，而且還有一頭迷人紅髮的克莉絲緹娜。這次我對自己有自信了，我們開始約會，三年後向她求婚，至今十五年過去了，我們依然在對方身旁，還多了兩個美麗的孩子。

現在我即使上台演講，也不會感到手足無措。面對鏡頭也不會沒有自信。這些轉變都來自那位我仰慕已久的女孩，幫助我扭轉了長久以來的現實認知。我還有許多有害信念需要矯正，但這個故事說明了，即使是童年的深刻陰影，只要有正確的力量也能徹底瓦解它。而且當發生轉變時，你必定有所收穫。

現實認知第二課

我們到現在仍守著那些幼時學到的消極認知。

另一個現實認知的突破

2015 年是我剷除另一個影響我很大的現實認知的重要時刻。我總覺得自己留不住錢，雖然公司營運一切正常，但我就是對賺錢感到極度不自在。舉例來說，公司所舉辦的 A-Fest 是營利活動，但我將所有獲利全數捐作慈善。我是幾個個人發展課程的共同作者，但我卻從未爭取應得的高額版稅。對財富無所求不是壞事，但我也體會到這個信念所帶來的壞處就是我的事業成長有限。

回到 2015 年的克羅埃西亞，當時的 A-Fest 活動正在該國的杜布羅夫尼克舉辦且已經到了收尾階段，我走進了一間餐廳想一覽亞得里亞海的美景，剛好看見催眠治療師瑪莉莎‧皮爾 (Marisa Peer) 正與她的英國

籍創業家丈夫約翰・戴維 (John Davy) 在享用早餐。

　　瑪莉莎幫助過許多人在極短的時間內展現出驚人的個人成長突破，堪稱扭轉人們信念系統的專家，英國皇室和知名好萊塢明星都是她的老主顧了。她在 A-Fest 的演說備受好評，其中曾提過「自己不夠好」是影響人們最深的信念。我們從童年便抱持這個認知長大，然後在成年之後成為了許多問題的根源。

　　我問瑪莉莎能不能催眠我，我從未體驗過催眠所以很好奇。

　　過了幾個小時後，瑪莉莎來我的房間與我討論這次催眠治療的目標。我想藉這次機會了解自己對金錢的態度。我想知道我對金錢的態度是否有被某種現實認知牽引住，這樣我才能知道該如何改。

　　在她聲音的引領下，我感覺自己好像進入淺眠狀態，開始挖取記憶和回想。「回到你發展出這種信念的時候，」她說。

　　突然間我看見了約翰先生，他是我青少年時期的老師。我和全班同學都很喜歡他，他是一位很棒的老師但他也很寂寞。我們知道他的太太已經離開了。我們還知道他住在一間小公寓而且沒什麼錢。我們很愛他卻也替他感到難過，甚至常常提到他是這麼棒的人，可惜卻身處這樣的情況。

　　「你發現自己因此而產生的認知了嗎？」瑪莉莎問我。我才了解到自己藏在心底的一條胡扯規則：**好老師就該清貧過日**。

　　我認為自己是一名老師，因為我經營一家教育公司，提倡個人成長也撰寫這方面的書籍。我的潛意識認為受苦才能成為一名好老師，這顯然是我需要破除的信念。

　　瑪莉莎的治療不是到此就結束了，她又帶我回想到另一刻。我看見自己正坐在汽車後座，前座是我父母。那天好像是我九歲或十歲的生

日。他們正要開車載我去買生日禮物，我假裝自己睡著了，卻聽見他們提到有關錢的煩惱。那時我們家的經濟並不寬裕，但生活也還過得去。我媽媽是公立學校老師，而我爸爸則經營一家小店。我記得當下我突然感到一陣罪惡感，到了商店要挑選禮物時，我選了一本書。「只有這個嗎？」我媽媽問我。「你可以再多選些。」所以我又選了一支曲棍球棒。她說，「今天是你的生日，你可以再買一些禮物。」但是我不想讓父母花更多的錢。那段回憶讓我明白了我還有另一個根深蒂固的現實認知：**不要要求太多，否則會有人因此受傷。**

治療繼續進行。我回到了十六歲的校園，校長是一位身材魁梧的前舉重運動員，他不知為何總看全校第一名的我不順眼。那天我因為忘記帶體育課的短褲而被他罰站在太陽底下二小時。後來他看我一點都不害怕，所以決定再教訓我一頓。他在我的面前直接打電話給我爸爸，再告訴我：「你被退學了。」然後他轉身就走。

等我爸爸來到學校，校長卻說他沒有真的要把我退學，只是要嚇嚇我，讓我學會這次的教訓。我爸爸當然對校長用如此極端作法處理這種小事感到很生氣。而當下的我選擇隱忍下來。

「現在你已經長大了，你能看出他為什麼這樣對待你嗎？」瑪莉莎問我。我的心中浮現了另一條胡扯規則：**樹大招風，明哲保身為妙。**

我立刻察覺了這三項童年時期的現實認知原來一直在傷害我、阻攔我。當我拋開那些信念後，變化就跟著出現了。

接下來幾個月發生了不可思議的事情。少了「樹大招風」的信念，我開始參加更多的演講活動。我受邀擔任兩次演講活動的主講人，演講費提高了。我更常參加錄影節目，也請了第一間公關公司。媒體採訪突然全部湧現出來，我登上了三本雜誌的封面，更活躍於社交媒體。我的

Facebook 追蹤人數也大幅上漲了。

我也決定不再做個清苦過日的老師，我五年來我終於給自己加薪了。

結果呢？短短四個月內，我的收入成長了一倍，事業版圖也開始擴大。我們達成了新的營收里程碑。從前的信念不只阻撓了我自己，還限制了我的事業及我公司裡的所有員工。這些經驗讓我證實了抹除老舊的現實認知能對人生帶來多麼深遠的影響。

> **現實認知第三課**
>
> 當你將消極的現實認知替換成能帶給你力量的全新現實認知後，你的人生將出現迅速且巨大的變化。

很八卦的意義製造機

絕大多數的人對長相、金錢觀、自我價值等都或多或少持有一些消極信念，這些信念的來源甚至都很詭異：霸凌學生的老師、無意間聽到父母或其他權威人士之間的談話內容，或者因為我們所愛之人的關注（或漠視）而衍生的各種猜想。

當我們認定這些信念是真的，它們便成為了事實。我們把這些日積月累的經驗、意義和信念做成「眼鏡」來看待這個世界。

這就好像我們心裡裝了一台意義製造機，會依據我們每一次的經驗來製造一條條的胡扯規則。所以，同學嘲笑我並替我取綽號代表我很醜。但我卻忽略了一個更能解釋這個情況的事實，就是小孩子的取笑很不成熟。然而我那時候也是個還不夠成熟到能懂得這個道理的小孩，結

局就是「我長得不好看」的現實認知在我信念裡扎了根。

　　意義製造機從未停止工作。它在我們童年時期不斷運轉，到了成年後依舊忙碌工作，無論你在約會、與愛人和孩子相處、和上司互動、試著成交一筆生意、晉升職位（或沒被晉升），它片刻都不會休息。

　　人們會將所見所聞下定義，接著卻又總是過度簡化意義，最後變成扭曲且危險的現實認知還奉為圭臬。雖然我描述的可能只是個人經歷，但科學家已經開始研究這個現象且結果令人震驚。壞消息是現實認知可能導致壓力、哀傷、寂寞和焦慮，然而好消息是我們可以幫它們升級，從而改善生活。

　　可以證實信念具有強大力量的例子很多，以下將提供一些參考。

信念能影響外表和健康

　　一項簡單的建議就能由內而外改變我們對自己甚至是對身體的想法。前面提過的飯店女服務生案例就是其一，研究人員只是告訴她們工作（打掃飯店房間）是一種很好的運動方式，而且符合國家公共衛生局局長所建議的積極生活方式。她們便「認定自己的運動量遠超過以往」。而且跟未被告知的女服務生比起來，體重、血壓、體脂肪、腰臀比和身體質量指數都下降了。

　　更不可思議的還有 1994 年的研究，當時有個實驗讓十位膝關節疼痛的男性患者接受了關節鏡手術，但事實上不是所有人都接受完整的手術治療。醫學博士布里斯・穆斯里 (J. Bruce Moseley) 想要測試著名的安慰劑效應，看看是否幾顆藥丸就可能對那些重症患者、甚至需要手術的病症發揮作用。十名受試者都有完成所有的術前準備，然而穆斯里博

士其實僅對其中兩名病患進行完整手術，另外有三位只做了一部分的手術。剩下的五位病患，醫生只留下三道手術傷口，讓病患看得見也摸得著手術縫合的疤痕，但實際上醫生並沒有執行任何手術。為了避免醫生不自覺得透露實驗訊息，連穆斯里博士本人也是到術前才知道那些病患會開刀，那些不會。當十位病患在出院時攜帶枴杖和止痛藥離開後，他們都相信自己已經動了手術，疼痛症狀可望有所緩解。

六個月後，所有人都說疼痛情況明顯減輕了許多，而且沒人質疑過自己是否真的有動手術。假手術竟然跟真手術一樣有效！

這便是著名的「安慰劑效應」，也正因為它的威力如此強大，現在只要有新藥物上市前，都得經過抗安慰劑效應的測試。根據《連線》雜誌 (Wired magazine) 所公布的資料，「有一半的藥物因為無法通過抗安慰劑效應測試而最終被停用」。穆斯里博士的研究成果震撼了醫學界，證實安慰劑效應對手術患者也一樣管用。我們對身體所抱持的信念，似乎有著一股神祕力量，能影響我們覺得自己健康與否。

你具備的超級影響力

信念對健康能產生影響，除此之外呢？能影響我們周遭的人嗎？

羅伯特‧羅森塔爾 (Robert Rosenthal) 博士在「預期效果」(expectation effect) 的指標性研究證實了我們的人生會受到他人的現實認知所影響（先不論那些現實認知是好是壞）。羅森塔爾博士發現實驗鼠在迷宮實驗的表現好壞，取決於研究人員在訓練時對實驗鼠抱持的期望值高低。在訓練實驗鼠走迷宮時，研究人員對一部分的實驗鼠說牠們很聰明，其他的實驗鼠是笨蛋，但實際上老鼠只是普通的老鼠而已。接著，

羅森塔爾博士將這項調查帶進了教室。他先讓學生進行智力測驗，接著告訴老師其中有五位特定學生智力分數特別高，可能會有出眾的表現。然而，那五位孩子只是經隨機挑選出來的學生。結果呢？學期結束後所有學生的智力成績都進步了，而那五位學生的進步幅度更明顯。這份聞名至今的成果發表於 1968 年，就稱為「畢馬龍效應」(Pygmalion Effect)。這個名稱的典故來自一位雕刻家畢馬龍，傳說他愛上自己雕刻的美女雕像，後來雕像還活了過來——正如老師因為對那五位學生的成績有所期待，最後學生真的實現老師的期望了。

羅森塔爾博士和他的同事在爾後的三十年間努力驗證這個效應和觸發條件。結果在商場、法院和療養院也發現了畢馬龍效應。重點在於你的信念不只能影響你，還能影響你身邊的人。心有所冀，必有所獲。

我們對伴侶、愛人、上司、下屬和孩子的行為創造了種種意義和現實認知，而研究顯示我們的認知會影響他人的回應。你在別人身上看到的那些不耐煩或負面性格，有多少是你投射在他們身上的信念呢？

卓越法則四：你能改寫你的現實認知

卓越之人的現實認知能讓他們保持自信心，相信自己具備改變世界的力量。

童年最容易受胡扯規則洗腦

每一個剝削我們的現實認知都只不過是我們給自己訂下的胡扯規

則，質疑它們是應該的。

在熱水浴池邊的僧人幫助我放下一條胡扯規則，使我不再為了證明自我價值，而得不斷逼迫自己。瑪麗的吻打破了我認為自己沒有吸引力的胡扯規則。而我以為金錢的胡扯規則也被瑪莉莎的催眠療程治癒了。

這些胡扯規則是從哪裡來的呢？

答案得回到我們的童年。

前章提過的歷史學家哈拉瑞博士把剛出生的孩童比喻成熔融的玻璃。孩子富有極高的可塑性，從成長的過程便不斷吸收各種信念，並用來對周圍環境創造出對應的意義。而九歲前是最容易製造出錯誤的現實認知的。

我們既要努力擺脫那些侷限的現實認知，也該確保不再將這些錯誤傳承下去。接下來要教的雖然是對下一代的教育，但也絕對適用在成人之間的互相影響。如同先前曾提過的，意義製造機不會因為我們已經長大成人了便停工。

童年時期形成信念的方式

作家雪莉・列弗克 (Shelly Lefkoe) 與她已故丈夫莫提 (Morty) 將信念對人生的影響發展出一套很棒的理解方式。有次我問雪莉，「如果讓你給為人父母者一個建議，你會說什麼？」

雪莉說：「無論你和孩子遇到任何事或任何情況，先問問自己，孩子能從中獲得什麼？孩子就算是犯了錯，他能學到任何東西？還是只是覺得自己很沒用？」

這條信念可以運用的範例很多，比方說你正和孩子們共進晚餐，這時候你兒子把叉子弄掉在地上了。你或許會說，「比利，不可以。」接

著他又把湯匙丟到地上。你說，「比利，我說了，你不可以這樣。你現在就去牆角那罰站十分鐘，好好反省自己。」

你或許覺得這樣處理沒問題，你沒有生氣，你只是讓比利去面壁思過而已。但我們卻失去了一次能影響比利從這件事中發展出良好信念的機會。記得問問自己：我的孩子將從中獲得什麼？

也許比利是不小心把叉子弄掉，所以當你斥責他的時候，他很困惑：為什麼媽媽不信任我呢？

比利接著用丟掉湯匙的方式來驗證這個困惑。果然，媽媽生氣了，還叫他去罰站。當下比利便形成了一種認知：媽媽不相信我，我惹她不高興了。然後他在面壁思過時又形成了另一種認知：我沒用，我沒資格說出心裡的話。

意義製造機就是這麼運作的，看到了吧？

而雪莉對此的建議是，當發生類似的情況時請問問你的孩子：「比利，剛才怎麼了？結果是什麼呢？你又學到了什麼？」不要問比利「你為什麼這麼做？」「為什麼」這類的問題會讓孩子躲進牆角，讓他們變得抗拒。因為孩子也有情緒，很多成年人也不知道自己為何一聽到「為什麼」就惱羞成怒。還有另一個重點是不要期待一個小孩子能成熟地剖析自己的心情，或能具體回答他所作所為的原因。

在這裡，真正該問的是「什麼」：「比利，發生了什麼事情讓你弄掉湯匙了？」這個問題讓他能檢視自己並思考。也許他會回答，「因為我以為妳沒聽我說話。」以「什麼」出發的問題能找出問題的根本，並加速解決問題。

雪莉認為以「為什麼」出發的問題是為了要有意義，而意義都是人自己從相對現實世界的心智構面中自製出來的。所以即便比利知道自己

為什麼弄掉湯匙也無法賦予他更多或更好的力量。直搗事件本身的最根本之處，弄清楚那是「什麼」才能讓你和孩子有機會徹底解決問題。雪莉也建議與孩子互動結束後，接著問問自己：我的孩子從剛才的互動中，會有什麼結論呢？孩子會覺得自己是贏家，還是輸家呢？孩子會知道自己犯了錯並從中學到了經驗？還是覺得自己很笨呢？

　　也許你尚未為人父母也可以運用這個概念。試想想你在這世上可能已經吸收過多少危險信念了，甚至就算周圍的人都是好意，但總也有些人是真心不善良。

改寫現實認知的睡前練習

　　自從我明白了孩童最容易吸收危險信念之後，我對我的小孩說話都會特別留意。然後我想出了一種簡單作法，可以幫助我的孩子及早摧毀負面信念。

　　每天下班後，我會試著留一些時間與我的兒子海登共處，這時我們會一起玩樂高玩具或讀書，結束後我會哄海登睡覺。這時候我會問他兩個小問題，希望讓他用正面的心態畫下這一天的句點。我的第一個問題是要他想出一件今天讓他心存感激的事情。可以是他正躺在柔軟的床墊上、今天一起玩遊戲的朋友、我們一起聊天或他讀的一本書。我希望他了解任何事情都值得使他心存感謝。接著我會問他第二個問題：「海登，今天你喜歡自己做了什麼事情呢？」我請他說一些今天所做的事情，也許他今天在學校幫助另一位小朋友。或者他弄懂了一件事情，或跟別人說了些機靈的話。或任何幫得上忙的事情——像是幫忙照顧妹妹。要是他想不出來，那麼我會告訴他剛才我看到了什麼，我喜歡他剛剛表現的那些小細節。上週我告訴他，「我喜歡你剛才問的科學問題，

我想你擁有一個愛解決問題的心。」這麼做能增加孩子內心的安全感，他們長大後就不會那麼容易被胡扯規則擺布。

　　讓海登慢慢養成這個習慣是我所採取的一種方式，但類似的練習什麼時候開始都不嫌太晚。我也鼓勵你養成這樣的睡前練習，有助於讓你更容易去剷除那些無益人生的胡扯規則。接下來的睡前練習對大人和小孩都適用。

◆ 睡前練習一：練習心存感激

　　用幾分鐘的時間，回想今天所發生的三至五件讓你心存感謝的事情，例如：

- 早上出門時陽光灑在你臉上的感覺。
- 上班途中聽到的音樂。
- 你跟便利商店店員彼此微笑，並說了一聲謝謝。
- 你和同事分享的事情讓你們一起笑了起來。
- 你的另一半、好朋友、孩子或寵物對你所做的不一樣的表情。
- 在健身房運動時，教練跟你分享很棒的健身技巧。
- 或者你回到家，脫了鞋，結束整天奔波後感到心情愉悅。

◆ 睡前練習二：學著「愛上自己」

　　回想你今天做過什麼讓自己引以為傲的事情或舉動，趁這個時候對自己說一聲謝謝。想想你喜歡自己什麼，是你獨一無二的個性嗎？是你今天所解決的工作難題嗎？你對待動物的方式？你的舞步？你今天投籃成功？晚餐煮得超美味？還是你記得從《小美人魚》開始的每一首迪士

尼音樂的歌詞呢？值得自豪的事情可大可小，重點是每天持續做，找出三至五件讓你引以為傲的事情。

你可以在早上起床後，或晚上睡覺前做這一項簡單的練習。對我來說，這個練習比斐濟度假村熱水池旁的僧人建言更能帶給我幫助。

催眠師瑪莉莎認為所有人的心中都有一位小孩，但卻從未收到應得的愛護和感謝。我們無法回到過去，但現在正是時候去療癒自我，給自己想要的愛和感謝。你可以幫助並治癒你心中的那位孩子。

外在現實認知

到目前為止已經提過了我們是如何看待自己的內在現實認知。不過，外在的現實認知也會對我們產生影響。你的外在現實認知指的是你對周遭環境所抱持的信念。

我在人生的歷練中，逐漸接受了以下四種信念並決定安裝在自己腦內，取代過時的老舊現實認知，進而為我的人生添加繽紛色彩。在此分享給你們，希望也能給你們一些敞開心胸的啟發。

一、直覺是人類的最大禮物

這個現實認知取代了「所有『知識』都來自鐵錚錚的事實和數據」的舊信念。現在的我對直覺深信不疑並應用在日常生活中。直覺幫助我做更好的決定、選擇要雇用誰，甚至讓我能更好地完成創意表達，比如說寫這本書。還記得我在擔任電話銷售員時也曾靠直覺找到高成交率的客戶嗎？人類是邏輯生物，同時也是直覺動物。如果我們能同時使用這兩種能力，效果將更加驚人。

　　科學研究發現人類的思維運作可分成兩種層級。第一個層級是我們所稱的「直覺」，一種在理性自覺下運行的思維方式。直覺思維跟史前人類運用大腦的方式有關，而且運作速度如閃電般迅速。另一個層級則是隨著人類進化而衍生的「理性思維」，也是我們現代人類強烈依賴的思維方式。

　　科學家在一項研究中提供了兩副撲克牌給研究對象，並告訴他們接下來要玩紙牌遊戲。所有的玩家都不知道這兩副牌已經被暗中做了手腳，其中一副牌容易大輸大贏；而另一副牌的輸贏則比較小，玩家會輸得不多，但也贏不了大錢。發了約五十張牌之後，玩家懷疑其中一副牌的輸贏比較小。等到發了約八十張牌的時候，他們已經很確定這個懷疑。然而重點來了，玩家的汗腺早在第十張牌就已經確定這件事了。沒錯，每當輪到抽取大輸大贏的那副牌時，他們的手掌便會分泌更多的手汗。不只如此，玩家也從第十張牌之後變得更頻繁地抽取輸贏較小的那副牌，但他們卻渾然不知自己的直覺已經發現了危險，進而引導他們做出更保險的選擇。

　　我相信直覺可以透過練習轉化為更好的運用。直覺並非預知未來的神奇力，但我相信傾聽直覺的選擇，你也可以試試看。

二、心靈的力量有助於治療身體

　　先前有提過我年輕時青春痘問題嚴重而且社交活動貧乏。所以我有大把的時間可以閱讀。當時我曾讀過「創造性想像」或是「創造預想畫面」等概念。創造性想像認為我們的潛意識無法區分真實體驗和想像畫面，所以透過冥想的方式想像你想要的人生模樣是可行的。於是我開始想像「我的皮膚變好了」，每天三次，每次只用五分鐘想像我的皮膚正

在進行一種治療儀式。我會想像自己正仰望天空並伸手舀取燦爛的藍天，接著輕抹在自己的臉上。我想像看見自己臉上的藍色慢慢硬化，等死皮剝落後底下新生了光滑皮膚。這就是一種訓練潛意識建立新的信念的方法，以我來說，這份信念正是「我的皮膚越來越好了」。

　　一個月後我的青春痘問題真的解決了。用心靈治療身體是一種正念或想像技巧，幫助我們從意識方面進行自我治療。那時候青春痘已經困擾了我五年，也看了許多醫生卻苦無成效。不過透過創造預想畫面，我在四週內便解決了皮膚問題，我的自信和對自我價值的認定也提高了。

三、「樂」在其中即是另一股生產動力

　　儘管別人都告訴我們要努力工作，但卻沒人鼓勵我們要樂在其中。在已開發國家的職場上，人們有近 70% 的清醒時間是用來工作，然而許多研究發現近一半的人不喜歡自己的工作，這對現今數十億的人來說可不是一個好消息。連懷抱一部分熱情去工作都無法的我們，怎麼可能擁有全然滿足的人生。

　　我相信工作應該是每天早上鼓勵你起床的振奮劑，所以我一直在公司內提倡「樂在其中即是另一股生產力」的想法。我希望要求員工把事情做完的同時也能樂在其中。所以我們設計了各種用來增進員工快樂感的方法，包含了斥資打造美麗且富創造力的辦公室及實施彈性工時制；幾乎每週都舉辦社交活動來培養同事間的情誼，而且只要達成公司目標就舉辦年度旅遊。

　　樂在其中的職場文化有助於減少工作壓力，也是我能在長時間工作時仍然保持清醒頭腦的祕招。無論你是公司執行長、自由工作者、助理或經理，找到享受自己的工作的方法非常重要。可以是每週或每月一次

跟同事或事業夥伴共享午餐。也可以是每天稱讚一個人。或者聽取理查・布蘭森的建議：「我相信偶爾讓員工在工作結束後聚一聚，對大家百利而無一害，因為這種聚會可以創造出家庭般的氣氛，歡樂又自由奔放的企業文化。當你看見執行長正拿著一瓶啤酒搖搖晃晃地朝著你走來時，你們之間的階級緊張感會輕鬆不少。」簡單來說，快樂要與工作密不可分。

四、心靈寄託無須依賴宗教信仰

心靈的寄託在傳統上泛指宗教信仰。但是，有沒有想過我們的心靈無須依賴信仰也能昇華，甚至道德觀念也並非取決於宗教的認定或對神的虔誠與否呢？

存善念、行善事和人生黃金法則不是只能透過宗教才能學到。根據美國哈佛大學的人本主義牧師格雷戈・艾波斯坦 (Greg M. Epstein) 所撰寫的《無神一樣做好人》(*Good Without God*) 一書中提到，繼基督教、伊斯蘭教和印度教之後，第四大人生信念便是人本主義。人本主義不是無神論，仍然相信「神」的存在，但人們無須信仰宗教也能成為好人，神也絕非是許多宗教經典中所描述的那樣會憤怒和降下審判。對人本主義者來說，「神」可以是宇宙、地球萬物生命的連接，或者是靈性的存在。人本主義替不願接受單一宗教胡扯規則也不願擁護無神論的人開啟了一條嶄新的心靈之路。當今世上的人本主義者已有十億之多，而且數量還在增加。

除了探索人本主義之外，你也可以試著打造自己的信仰，將傳統宗教的精華與自我經歷相結合，而不必屈服於宗教的胡扯規則。作家湯姆士・摩爾 (Thomas Moore) 在其著作《屬於自己的宗教》(*A Religion of*

One's Own) 中就有這樣的建議：

> 這種新型的宗教需要你從追隨者的角色轉為創造者。我預
> 期這種心靈創新可使我們不再盲從教條或傳統。如今我們需要
> 的是一種善良甚至虔誠的懷疑精神。最重要的是讓自己能夠欣
> 賞各種心靈富足之道而不再承受宗教信仰的壓力，是一種既保
> 有鼓舞人心的傳統，又能結合個人靈感的全新信仰。

回到我個人的經驗談，離開宗教讓我倍感掙扎，但我也相信更崇高
力量的存在所以沒有成為無神論者。後來我嘗試探索諸如人本主義和泛
神論等概念後才終於找到了我的答案。現在的我結合了人本主義和泛神
論的概念，以及精神訓練（好比冥想），加上我的家人所信仰的印度教
和基督教，去蕪存菁成為我的力量。

◆ 睡前練習三：檢查你在十二平衡領域的現實認知

這裡將沿用前章的十二平衡領域練習，你可以用電腦或在筆記本上
寫下你在每一個類別中的現實認知。我已經列出了幾個常見的現實認知
來幫你更快熟悉這個練習，在開始前你需要先注意前章的十二平衡領域
練習分數，因為分數最低的那幾項可能就是你受消極現實認知荼毒最深
的部分。

一、**親密關係**：你認為「愛」是什麼？你期望從親密關係中獲得或
　　付出什麼？你相信愛會傷人嗎？你相信愛是忍耐嗎？覺得自己
　　會陷入愛河到無法自拔嗎？覺得自己值得被愛及被珍惜嗎？

二、**交友情況**：你認為「友誼」是什麼？你相信友誼長存嗎？與朋

友的相處總是你付出得多過對方嗎？你覺得交朋友是簡單或困
難的事呢？

三、**人生冒險**：你覺得「冒險」是什麼？冒險是旅遊、體能活動、
藝術和文化嗎？城市探索算冒險嗎？還是只有郊區才算？去拜
訪與你的生活截然不同地方是冒險嗎？你有打算規劃一次人生
的冒險嗎？你覺得進行一趟長途旅行之前應該先存夠退休保底
金？暫別工作崗位或家人去度假會讓你有罪惡感嗎？你覺得花
錢體驗（比如高空跳傘）是沒意義的事嗎？

四、**生活環境**：你在哪裡最能感到快樂？是否滿意目前的住所及生
活方式？你如何定義「家」？在你的生活環境中，那些部分最
重要（顏色、聲音、家具樣式、靠近自然區域或文化區域、環
境整潔、便利／豪奢品的程度，諸如此類）？覺得自己值得住
在美麗的房子裡、旅行時入住五星級飯店，以及在很棒的環境
中工作嗎？

五、**身體健康**：你如何定義「身體健康」？你又會如何定義「健康
飲食」呢？你認為自己是天生易胖體質，或者有其他天生疾病
嗎？覺得自己會像父母活得一樣久，或更長壽呢？覺得自己保
養得宜嗎？

六、**學習生活**：你有在學習新事物嗎？正在自我成長嗎？你總是能
掌握自己的大腦和日常思緒嗎？覺得自己具備足夠的能力去達
成目標嗎？

七、**個人技能**：你覺得自己有那些擅長之處？有那些不擅長的地方
呢？這種擅長與不擅長的認知是從何而來的？阻礙你學習新知
的障礙有那些？你有沒有已經打算放棄一些技巧了？是什麼事

讓你不願改變？覺得自己擁有那些難能可貴的特殊能力和人格
特質？你討厭什麼？

八、**心靈生活**：你信仰怎樣的心靈價值？你如何訓練自己的心靈價
值觀？訓練頻率是如何？對你來說，心靈是一種群體經驗還是
個人體驗？你是否讓不具吸引力的文化和宗教模組所侷限，但
卻害怕拋開那些限制後會傷害到他人呢？

九、**職涯發展**：你認為「工作」是什麼？「職業」是什麼？你喜歡
這份職業嗎？在工作上，是否覺得自己被重視及賞識呢？覺得
自己擁有成功的要素了嗎？

十、**創意生活**：覺得自己有創意嗎？是否欣賞某位有創意的人？你
欣賞他（她）那些地方呢？你正在從事那些創意活動呢？覺得
自己具備天賦，可以展開某一種創意計畫嗎？

十一、**家庭生活**：作為人生伴侶，你認為自己的主要角色是什麼？
作為子女，主要角色又是什麼？你滿意現在的家庭生活嗎？
你對家庭成長抱持什麼樣的價值觀呢？對於你的幸福來說，
家人是負擔還是資產？

十二、**社區生活**：你與身處的社區是否有著一樣的價值觀？你認為
社區的最高目標應該是什麼？覺得自己有能力貢獻於社區
嗎？喜歡貢獻一己之力嗎？

改寫現實認知的兩大利器

在完成以上練習之後，你應該已經大致明白需要升級那些現實認知
了。所幸你不需要另外去熱水浴池旁找僧人提點或接受催眠療法來升級

你的認知。（不過要是能用一個吻就能讓我們立刻升級現實認知也是挺好的。對吧？）移除有害認知的方法有很多，比如頓悟、冥想、閱讀勵志書或其他正念練習，又或者是讓自己反省並問問自己：「這個觀念是從哪裡來的？」

接下來你還會有更多「啊哈（突然開竅時會發出的聲音）」的時刻來幫你消除更多的有害認知。以下兩個問題就是一種經由自問自答來喚醒理性思維及開竅的有用技巧。

問題一：我所遵從的現實認知來自絕對現實，還是相對現實？

在這世界上，有些事情其實只是一種絕對現實的概念。意思是無論來自哪種文化，對所有人類來說皆屬事實的事情，例如孩子在能夠自理以前必須有人照顧；以及吃東西是為了生存，諸如此類的想法。但是像特殊的養育、飲食、精神表現、表達愛意等會因不同文化而有所不同的處世方法就是相對現實。

你所抱持的認知是絕對現實還是相對現實呢？如果你發現自己有個現實認知並未經過科學驗證的考驗，請勇敢地去挑戰它，尤其是宗教信仰。我之所以會在小時候對禁止吃牛肉的文化有所質疑，正是因為我發現全球上百萬人都在享受牛肉的美味，為何我的文化不讓我這麼做呢？

你是否發現在自己的文化中也存在這種對絕大多數人類是相對真實的信念呢？如果你仍深信不疑也沒關係。但要是那些相對真實的信念正在傷害你，或約束你得照著自己不喜歡的方式穿著、結婚、限制飲食或生活，那麼是時候為自己起身反抗了。胡扯規則本來就該被打破。

世上沒有單一文化或信仰大一統的局面，沒有任何一種宗教可以控制絕大多數的人們。你的文化要你相信的事物可能在另一個群體中是完

全相反的，而選擇相信或不相信的力量正是我們可以給自己最好的禮物
之一。

　　經常傾聽內心和直覺，永遠記得現實認知也有保質期，甚至我們以
為的絕對現實都可能在未來遭到挑戰。以上第一個問題很適用在正被外
部灌輸現實認知的人。如果我們想解決的是由自身的意義製造機所產生
的現實認知的話，就可以使用下面的第二個問題。

問題二：這件事情真的是我所想的意思嗎？

　　對於關掉心中的意義製造機，莫提和雪莉‧列弗克倒是提出了一種
可以駭入信念的有趣方法。莫提認為我們每一週都能製造多達五百個
「意義」。但隨著我們開始會自問「真的是這樣嗎？我能百分百確定這
是正在發生的事情嗎？」我們所製造出的意義數量就會開始減少了。

　　莫提認為，只要你能固定時間檢視看看自己有沒有創造出根本不存
在的意義，便能輕易地將每週高達五百條的數量降到剩下兩百條。接下
來只需要持續同樣的練習，最後你將不再對事件製造意義。好處是當你
面對壓力時比較不會反應過度；也比較不容易因為人際互動而感到失
落；甚至有助於改善婚姻及職場中的互動關係。作為帶領兩百名員工的
執行長，我不斷在見證那些能夠控管自己意義製造機的人會有更好的領
導表現。

　　我相信淘汰老舊現實認知的最佳方法就是優雅地放手，讓他們走入
歷史。我們的情緒、心智和心靈將透過接納新想法、概念、哲理，以及
做人和生活的方式更加進化。只要有足夠的人願意挑戰胡扯規則並替換
更好更新的認知，人類便能開始進步，改革也將有所收穫，群體力量的
推動將使世界新生。

真正的卓越並不是你能看透這個世界的規則、邏輯和精神。真正的卓越是你能了解自己對規則、邏輯和精神的看法創造了你的世界，你永遠有能力改變一切。

——麥克・杜利 (Mike Dooley)

現在你已經了解現實認知是如何產生的，也找出了人生中的一些關鍵現實認知，是時候帶著這些洞察進入下一步——意識工程。你會發現原來每一天的生活都是現實認知的投射。你會學到如何升級自己的認知模組，從此邁向更卓越的人生。

第 5 章
升級自己的生活系統
探訪成功人士的卓越祕訣

「定期自我回饋很重要，能讓你不斷思考做過的事情以及可以怎麼做得更好。我能給的最好建議就是要持續反思並思考如何能做得更好。」

——伊隆・馬斯克 (Elon Musk)

理查・布蘭森的卓越祕訣

這是我第二次拜訪理查・布蘭森 (Richard Branson) 的私人島嶼，我和一群企業家結伴來參加為期四天的智囊營。星空下熱鬧的海灘派對才剛結束，慵懶又安靜的氣氛令人無比放鬆。我就坐在海灘上凝望閃爍星空，沉浸在當下的美景裡。

我和布蘭森從養育觀念聊到個人哲理。那時候我妻子和我想要第二個孩子，但四年來卻苦無消息。請教布蘭森如何促進受孕，對我來說是一段有趣的回憶，他不僅非常關心這件事情，也非常誠心地給予建議。

還好我很快就想起了他可是全球最偉大的創業家之一，也許我該抓緊這次機會多問一些他所擅長的領域才對。所以我接著問道：「布蘭森，你在八個不同的產業中創立了八間公司，還讓每間公司都創造了十億營收，真的很了不起。如果讓你用一句話來說明你是如何辦到的，你

覺得那句話會是什麼呢？」

　　布蘭森用他充滿智慧又無比仁慈的口吻回答道：

　　「關鍵在於找到比你聰明的人，請他們加入你的公司，給他們安排一份好工作，然後放手讓他們去做，你只管相信他們便是了。你要遠離當局才能得到更遼闊的視野。這就是關鍵，不過還有另一點要注意，你必須讓他們將工作視為一項任務。」

　　用布蘭森的話來說，這正是他開創新局的「系統」。他聚焦在聘請聰明的人、給他們自由並放手讓他們去做，然後不斷思考遠景，讓任務帶領公司前進。

　　系統是種會重複運作且為了讓生活更方便而產生的模組，從早上起床後，衣著打扮便是一種系統，處理電子郵件的方式經常也是一種系統。工作、養育子女、日常運動、處理人際關係，以及發揮創意的方式都是我們的生活系統。

　　如果把生活系統比喻成用來執行特定指令的電腦軟體，它就是我們從一早醒來直到睡前用來處理所有事情的方式，例如你在睡前會先換上睡衣，然後讀一本書。社會也有系統，例如教育制度、公司架構和社區規範。

　　這些系統從何而來呢？我們在第三章已經知道生活系統來自我們對什麼是真假、好壞、健康、需要、適當和有效，所抱持的信念。想要發揮潛力並邁向卓越的我們，繼前面談到的現實模式之後，接下來就要聚焦意識工程的另一部分——生活系統。

　　但問題來了。長久以來所使用的系統，早已在我們大部分人的生活中根深蒂固了。正如比爾・簡森 (Bill Jensen) 在《強勁的未來》(*Future Strong*) 書中所說：

　　儘管人類歷史已經進入了最分裂的時代之一，但是人類面臨最大的挑戰是我們賴以維生的系統和架構都已經過了保存期限。二十世紀的舊方法正阻止我們開創更美好的下一個世紀。

升級行為才能升級人生

　　我們會主動替常用軟體升級更新。然而我們每天用的生活系統——內部軟體卻不是最優、最新的版本。

　　如果把生活系統比擬為智慧型手機上的應用程式呢？當你移除過時的現實模式，用全新的模式帶給你力量，並天天用適用這套新模式的全新系統進行修復，你的人生將出現飛速的爆炸性成長。

　　你將在本章學到如何用一種有組織的方式去思考你的生活系統，使你用更少的時間，做得更多也創造得更多，同時更樂在其中。

　　我與理查‧布蘭森在內克島的那一晚還發生過另一件事。我曾想過要寫書卻不知從何開始，感覺時機就是尚未成熟。

　　我的書想要包含實用內容，並穿插幾個迷人的小故事來吸引讀者。理查‧布蘭森在 1998 年出版的自傳《維珍旋風》就是這類型的佼佼者。我愛死這本書了，裡面除了有他個人生平故事，還有許多非常有影響力的個人成長經驗談，完全是我的寫作範本。

　　不過，我的人生成就大概連理查‧布蘭森的車尾燈都看不到。所以我陷入了寫作僵局，我認為自己要等到建立了龐大事業版圖的「那一天」才是時機。

　　但就在我們在內克島聊天的那一晚，當我向他分享一些哲理時，他突然打斷我並說：「你應該寫一本書。」

　　我頓了一下，突然語塞。布蘭森的這句話（也許他本人早已不記得了）輕推了我一把，讓我頓時有了信心，開始認真思索寫下這本書。

　　寫書的過程既緩慢又折磨，但我仍每天持續更新，我建立了制訂本書標題、築起架構的方法，以及分享個人故事的寫作風格。我甚至嘗試各種的威士忌，看看哪一種威士忌能讓我寫下最有趣的內容。

　　經過幾次微調後，寫作系統開始讓我寫作功力大增。現在我一天就能寫下一章節的內容，而這對三個月前的我來說根本是不可能的任務。接下來的圖會說明我在更新系統後能呈現出多麼驚人的效率。

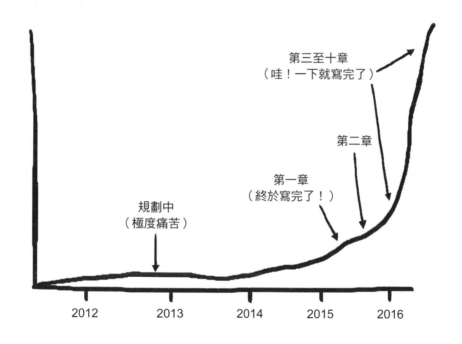

　　生活系統的更新就是用來幫你在重要領域中展現爆炸性的個人成長。

卓越之人善於發現更有效的生活系統

卓越之人不只擁有卓越的現實模式，他們還會努力追求更明確、穩固且持續優化的生活系統——也就是，他們「處事」的方式。

我每個禮拜都會嘗試更新至少一項生活系統，這麼做並不是因為哪裡出了問題，而是因為我知道嘗試新事物能帶給我滿滿的動力。汰舊換新就像下載新程式。

有效升級生活系統的方法可分為三個步驟：

一、**享受發現的過程**：很多人透過閱讀書籍、參加討論會或線上課程來尋找新的生活系統。比如你讀到某種有助重訓的方法然後融入到訓練課程裡，經過一兩個月後，你評估成果。或者你在一次討論會上聽到一種全新的管理策略，你決定讓團隊也試試看並且追蹤成效。我讓自己養成的一種習慣就是廣泛閱讀探討各種重要題材的非小說類書籍，比方說育兒、工作和健身，並從中發現新的系統。想像你正在瀏覽應用程式商店，當找到別人似乎正在使用，且對自己可能也管用的系統時，是多麼有趣又具啟發意義的一段過程。

二、**設定更新頻率**：你會隔多久更新自己的生活頻率呢？舉例說明，我每年都會實驗一種全新的健身法，2013 年時我連續三十天挑戰萊美 (Les Mills) 所推廣的一種槓鈴有氧課程 BODYPUMP；隔年我實驗了克莉絲汀・波洛克 (Christine Bullock) 的「全面變身課程」；今年的嘗試是壺鈴。這可不是我隨機亂選的，首先我會去搜尋，然後找熱衷健身的朋友討論之後再定案。融入新的運動方式不只是因為以前做的運動沒

效，而是我意識到定期變換運動方式才不會很快就覺得無聊。同時，這麼做還能確保我訓練到不同的肌群，進而維持體態和健康。

三、**設定底線和評估方式**：生活系統的效果如何？新系統比較好嗎？除了定期更新系統，我們還需要注意如何測量和維持成效。不過，人們卻經常忘了設底線，也就是所作所為不能低於這個水平的底線。例如我對腰圍設了一個底線，我會用最愛的那條皮帶孔洞當基準點來測量自己的腰圍，要是超過底線就開始節食或健身而非買一條新的皮帶，這就是我十年來都能維持一樣腰圍水平的方法。

後續我也會教你如何利用這三個步驟來創造有效的人生系統。

派屈克・格羅夫的問題處理學

派屈克・格羅夫 (Patrick Grove) 是名列《澳洲商業評論》(*Business Review Australia*) 富人榜的澳洲和亞太區最成功創業家之一，他因為成立四家公司都成功上市的驚人紀錄而被稱為亞太區 IPO（首次公開募股）神童。2008 年時，有一次我在離家不遠的星巴克遇到他正低頭奮筆疾書。我走過去問他在寫什麼，他說：「我正試著解決一個大問題。」

「什麼大問題？」我問他。

「我正在找如何在一年內賺一億美元的方法。」他回答。

我對著他微笑。但我知道派屈克是認真的，他是我所認識的最優秀的思想家之一。對大部分的人來說，一年要賺一億看似天方夜譚，但對於派屈克這樣卓越的人士來說，這是個再合理不過的問題了。問題不在

於「辦不辦得到」，而是「何時能成真」。

　　派屈克後來在 2013 年成功了。他先是收購三家東南亞的小型二手車網站並整合成「iCar Asia」集團。接著在澳洲公開上市後估值就超過一億美元，而這些只花了他一年的時間。

　　派屈克喜歡走出辦公室去解決大難題。他說每當自己這麼做時，事業靈感便會來到他跟前。他會確保有空間和時間讓自己這麼做。太多人忙著處理事情，卻從未退一步思考做事情的方法，或做某件事情的原因。我稱這就叫做「瞎忙陷阱」。意思是你已經忙不完了，所以沒發現自己的生活系統早已過時，甚至早該淘汰了。

　　這正是為什麼像派屈克這樣的人會走出辦公室，挪出時間和地點去質疑他們的系統，並設定更標新立異的目標。

　　這個探索過程的關鍵在於自覺，讓自己無論何時都可以停下腳步去探究。我知道很多人會規定自己每週固定要去幾次健身房。但你是否有全面升級過自己的運動方法呢？以我為例，我每個月把一次的健身時間用來閱讀新的健身方法、買一套新的健身應用程式，或研究一種新的健身方法。這正是我想要表達的意思，覺察的意義就在於讓自己按下暫停鍵後看看是否有更好的做法。

　　在我們公司設有「學習日」來幫助我們繞過「瞎忙陷阱」。在每個月的第一個星期五，所有人都得放下工作（真的非做不可的例外）去學習如何以更好的方法工作。客服人員可能會去研究個人化回覆內容的寫作藝術，或者試著從客戶的回饋中找出改善產品的點子。程式工程師可能會實驗新的程式編碼法。大家可以坐著看書，只要是跟工作有關，這一整天都會讓他們這麼做。這個過程不只能產生新靈感，新的系統也會浮現，從而誕生了新的工作方式。

　　無論是工作、健康、健身、個人成長、文化或其他領域，覺察的過程本身就是一種肯定人生的工具，不只能讓生活變得更有趣，還能讓你把事情做得更好。派屈克・格羅夫已經是四間上市公司的董事長，而他依然固定挪出時間按暫停鍵來反思他的事業系統。有些人也許會說這正是他能成為四間上市公司董事長的原因。但其實我們每個人都能找到時間，以不同的角度來解決問題。

評估自己的更新頻率

　　你最近一次閱讀有興趣卻不甚了解的主題書籍是什麼時候呢？最近曾報名上課嗎？最近有向朋友請益過嗎？上一次回顧自己的瘋狂夢想是在什麼時候呢？或最近有沒有更新自己的生活系統？保持最新的系統正是一種生活系統，你多久更新一次生活系統就是你的更新頻率。

◆　十二平衡領域的好書推薦

　　讓我們一起回到第三章提過的十二平衡領域。你最近有沒有更新任何一個生活系統呢？如果沒有，是時候按下更新鍵了。

　　請寫下你想改變的領域，可能是你與伴侶互動的方式、育兒方式、工作上面對人事物的處理方式、找工作的方式、對於家庭或物質享受是否滿意，或者你是否能挪出時間去追求夢想、體現新奇的事物、探索自己的心靈感悟，甚至是激發創造力。也許這些都是你想要調整的部分，你也一定做得到。

　　你想改善的領域自然會需要下點研究功夫，所以接下來我將推薦十二平衡領域中的有用好書，興許能為你帶來截然不同的新觀點：

　　一、親密關係：約翰・葛瑞 (John Gray) 的《男人來自火星，女人

來自金星》(*Men Are from Mars, Women Are from Venus*)。作者
用字絕妙且幽默，帶你了解異性的生活和相愛方式。

二、**交友情況**：戴爾‧卡內基 (Dale Carnegie) 的《讓鱷魚開口說人
話》(*How to Win Friends and Influence People*)。這本書在我二
十歲之前就已經反覆看了七遍了，適合所有人閱讀。

三、**人生冒險**：理查‧布蘭森的《維珍旋風》(*Losing My Virginity*)。
這本書鼓勵人要抱持冒險犯難的精神，去追尋人生中的苦樂和
遠大目標。

四、**生活環境**：大衛‧舒茲 (David J. Schwartz) 博士的《就是要你
大膽思考》(*The Magic of Thinking Big*)。作者鼓勵我們提升生
活品質，並大膽想像你理想中的家庭、辦公室、座車，甚至更
多東西。

五、**身體健康**：推薦給男性讀者的書是戴夫‧亞斯普雷 (Dave
Asprey) 的《防彈飲食》(*The Bulletproof Diet*)。戴夫是我的朋
友，也是目前世界上最有名的生物駭客。要推薦給女性讀者的
是 JJ‧維珍 (JJ Virgin) 的《維珍飲食》(*The Virgin Diet*)。這本
書將顛覆你對熱量和運動的看法，並教你節食的重點不在於吃
了多少，而是你是否按照正確的順序，吃下正確的食物。

六、**學習生活**：想要學速效學習法或記憶術嗎？我推薦吉姆‧科威
刻 (Jim Kwik) 的課程。

七、**個人技能**：提摩西‧費里斯(Timothy Ferriss)的《一週工作四
小時》(*The 4-Hour Workweek*)，這本書要教你如何迅速培養獨
特技巧。

八、**心靈生活**：尼爾‧唐納‧沃許 (Neale Donald Walsch) 的《與神

對話》(*Conversations with God*) 是我讀過最棒的心靈成長書籍。不過,尤迦南達 (Paramahansa Yogananda) 的《一個瑜伽行者的自傳》(*Autobiography of a Yogi*) 也很不賴,史帝夫・賈伯斯也推薦過。

九、**職涯發展**:亞當・格蘭特 (Adam Grant) 的《反叛,改變世界的力量》(*Originals*) 絕對是我讀過最棒的創意工作書籍之一。作者還會教你如何跳脫框架思考、推銷你的點子做出改變。

十、**創意生活**:史蒂芬・普雷斯費爾 (Steven Pressfield) 的《藝術之戰》(*The War of Art*) 要鼓勵你擺脫惰性,重拾你的藝術創意。這本書也是我見過用字遣詞最優美的書籍之一。

十一、**家庭生活**:我相信絕大多數家庭問題的根源都是因為不夠愛自己,所以我要推薦唐・梅桂爾・魯伊茲 (Don Miguel Ruiz) 的《托爾特克愛的智慧之書》(*The Mastery of Love*)。

十二、**社區生活**:Zappos 執行長謝家華 (Tony Hsieh) 的《想好了就豁出去》(*Delivering Happiness*) 能鼓勵你去開創一番事業,並無私回饋這個世界。

想要立刻看到進步嗎?你可以把目標放在一週讀完其中一本書,如果覺得有點困難也可以先去學習加速閱讀的方法。(這正是更新自己閱讀系統的一種方法)相信只要透過幾個簡單的小技巧,你一定能更勝以往。

閱讀絕對是快速提升更新頻率的一種簡單又管用的方法,線上課程、智囊營、小組討論和研討會也可以納入考慮。派屈克・格羅夫就有學習癖。我們會成為朋友正是因為我們都對個人成長感興趣,也一起參

加過研討會和智囊營。

我會去理查‧布蘭森的內克島也是為了學習。除了能上到由布蘭森擔任導師的珍貴課程外，我還能和許多企業家相互交流。當你能找到越多學習機會並學以致用，你的更新頻率會越來越頻繁。

替自己的行為設底線

更新生活系統固然很好，能夠維持下去才是真功夫。這就好像你想徹底改變生活卻發現成效微乎其微。好不容易減下的體重又很快復胖；做事又開始拖拖拉拉；賺多少就花多少，甚至你懶得再與朋友聯絡、練習冥想，經營親子關係和親密關係。

這種類似系統開始不靈光的情況每個人都會有，我也有。但我已經找到可以重新調整自己的方法叫做「絕對底線」。

舉例來說，我喜歡紅酒、威士忌、巧克力和起司，但我也想要保持身材、維持體能巔峰並發揮最佳實力。

隨著年紀增加，我漸漸養成了簡單又有益身心的作法，來減緩老化及維持健康的感覺。我給自己身體制定絕對底線是無論何時都要能做完五十次伏地挺身。比如當我從洛杉磯飛了二十幾小時到吉隆坡後，我可以直接回家睡覺。但要是我睡飽後無法完成五十次伏地挺身──那就有問題了。五十次伏地挺身是我的健康快篩劑，完成不了的原因可能是因為出差太累，也可能是與家人和朋友聚餐時吃得太多了。當我找到問題原因後就能重新調整我對待身體健康的方法。

絕對底線也適用在個人財務狀況、親子關心、忍耐力、每週閱讀量或更多事物上，如果我們沒有替自己設立問題警報就只能眼睜睜地看著

自己每況愈下。

◆ 練習：如何設定絕對底線

底線是你承諾絕不讓自己落後於這個標準的最低門檻。如果目標是拉著你往上爬，底線則是防止你墜落，兩者都很重要。

任何你覺得有需要的事物都能設定底線。底線不僅可以防止或反轉逆勢，還能隨著時間進步。想想當你年紀漸增，體態變得越好……擁有更和諧的親密關係……手頭也比較寬裕了……或者跟孩子的距離拉近了。這個超級簡單的小心機就可以讓你的努力事半功倍。讓我們跟著下述四步驟來設定自己的底線吧！

步驟一：從十二平衡領域中找出想設底線的類別

你在第三章的十二平衡領域中有那些類別的分數比較低？或者你覺得那些領域的情況正在走下坡呢？找出你想要著手改善的類別並設定具體且可達成的底線。你之後可以擴展到所有領域，但首先還是從真正重要的類別開始。

步驟二：決定你的底線

接下來，你要在選定的領域中設定自己的底線。不過還有一點非常重要：**一定要設定絕對可以達成的底線**。你很快就會知道為什麼了。

體重、銀行存款等可量化的事物請設定具體數字：我的體重底線是X、銀行存款是Y、每月最少要讀X本書，或者每週最少花兩個小時研究或學習更有效率的工作方法。越明確的底線就越容易追蹤並實踐。

以下將以十二平衡領域做一個示範：

一、**親密關係**：底線是你與伴侶共處的時間，像是晚上約會的頻率、一起健身，甚至安排固定親密交流時光。

二、**交友情況**：人際交流也需要設定底線：例如每週至少打一通電話給父母、每月與朋友吃一次早午餐或晚餐，以及當你知道朋友正在難過的時候關心他。

三、**人生冒險**：休假或冒險旅行也可以考慮設定底線。每年我至少會帶全家去兩次長途旅行。我們不一定要出國或花大錢旅行，重點是答應自己要空出時間陪伴家人，同時還能一起替彼此的家庭回憶做更新。你也可以讓自己每個月至少拜訪一個新地方，即使就在你家附近也無所謂。冒險不一定要花錢或耗費任何成本，但是當你定期去接觸新的角落，世界也將變得更遼闊。

四、**生活環境**：設定家中維持整潔的底線，例如每天早上起床後要摺棉被、睡前要把水槽裡的碗盤洗乾淨、每次收到信件要立即分類並清理垃圾信件。你也可以設定生活品質的底線，比方說，每週要做一次全身按摩或水療。

五、**身體健康**：我的底線就是伏地挺身，而你的底線可以是維持特定的腰圍，或每週固定上一堂瑜伽或彼拉提斯課程，甚至追蹤自己的視力或血壓變化。

六、**學習生活**：學習是豐富人生的不二方法。你的底線可能是每晚睡前要讀幾頁書、每週逛一間畫廊或探索博物館的一間展示間，或者每個月看一場表演。

七、**個人技能**：答應自己每週要規畫一定的閱讀時數或研究你所在的領域的資料。我的底線是每個月有一天只專心研究並學習提升工作效率的方法。

八、**心靈生活**：你可以每天冥想十五分鐘，也可以每天讀幾頁心靈
　　方面的讀物，或者為正面臨問題的某人祈禱或問候。我在這個
　　類別的底線是每天練習至少十五分鐘的冥想。

九、**職涯發展**：可以是加入一個專業社團；確保每年參加一定數量
　　的會議；每月讀一本跟職業有關的書籍等。如果你想轉換跑
　　道，一定要每週閱讀一定分量的資訊或文章，了解新的領域以
　　及如何入行。

十、**創意生活**：選擇並從事一種展現創意的方式，並設定自己辦得
　　到的底線。你可以每天花二十分鐘寫日記、每週參加一次即興
　　表演課；或者，對於推進停滯不前或你早想進行的創意計畫制
　　定行程表。我的底線是每週要寫作的字數。

十一、**家庭生活**：每週要花一定的時間參與家庭活動，無論是跟孩
　　　子、全家人、父母或其他家人。你可以每過幾天打電話問候
　　　父母、週日帶全家外出吃早餐，還有每天下午陪孩子玩。

十二、**社區生活**：決定每年慈善捐款的金額，或定期志工。我也有
　　　每年慈善捐款金額的底線。每年我都會將一筆數目不小的金
　　　額捐給我所信任的慈善機構。

步驟三：碰到底線時的自我強化機制

　　我每週都會固定做一組五十下的伏地挺身。如果我因為最近比較少
運動、體力不足，或體重增加等任何原因而做不到時，就是開啟自我強
化的時候。

　　以身體健康來說，自我強化的目的是讓我恢復到能夠做五十次伏地
挺身的狀態，所以我會立即進行一週的低碳飲食讓體重恢復到正常範

圍，另外加上每週上健身房運動三次，這些方法通常會讓我在一週內恢復到原本的狀態。

　　自我強化機制是最關鍵的步驟，當你的狀態不及底線時就需要自律能力來調整回來，也就是接下來的第四步驟。

步驟四：循序漸進以突破底線

　　當你達不到底線時，你可以設定比底線高一些的目標。比如把健康底線從五十次伏地挺身改成五十一次；荒廢了每週的固定約會？那就把底線提升成早上也要有親密互動。一次提升一點點底線不會帶來過度的變化，然而一旦你達到了新的水平，就可以作為一個新的底線。這麼一來，你將不再停滯不前，反而可以與時俱進。底線系統也可以用下頁圖來表示。

　　很多人會用年齡替自己的走下坡狀態找藉口。絕對底線就是你的防撞機制，甚至讓你年紀越長狀態越好。我相信活得越久生命越綻放，絕對底線就是我們的最佳防撞機制。

設定底線的正向心理學

　　底線設定之所以有效是因為當我們達不到目標時，人類本性會把挫敗感變成一種挑戰。如果你無法完成五十次伏地挺身，那麼就設定一個新的目標——五十一次。將這份挫敗感轉換成一種正向的心態，驅使自己達成目標。

　　設定的關鍵是要容易達成，比如我是將五十次增加到五十一次伏地挺身，而不是一口氣增加到五十五或六十次，設定太高的目標會變成懲

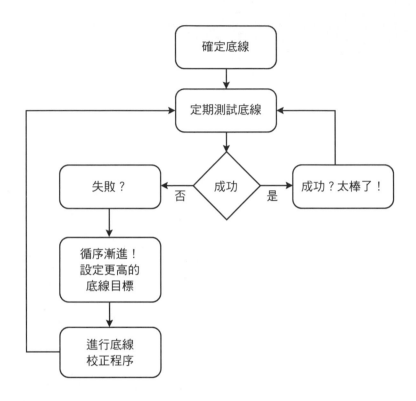

罰。想要一步登天是不切實際的作法。循序漸進才能持續地提振士氣，而且不容易失敗。

當每次將目標提高一點時，你便會校正底線，進而讓所有的平衡領域都能持續成長。

卓越法則五：升級自己的生活系統

卓越者會持續花時間探索、升級並評估可用在人生、工作、或者身心靈上的有效系統。他們永遠都在追求成長和自主創新。

未來的生活樣貌

接下來請你跟著做一個小練習。

如果你讀到這段時剛好是在飛機或地鐵上，或者周圍有其他人在，我請你去聞一聞隔壁的人。去吧，輕輕地靠近他們，再輕輕地吸一口氣。

如果你身邊正好沒人，你可以聞一聞自己。

你聞到什麼氣味呢？大多時候你聞到最多的，應該是香水、肥皂或者完全沒有氣味。

沒錯，現代人身上或許散發的是香味。但如果你在一百五十年前做這個舉動，你聞到的可能都是難聞的氣味。古時候沒有天天洗澡的習慣，更別說是刷牙，古龍水和香水都是有錢人家的專屬品。在 1990 年代的時候，人們很習慣自己身上的臭味。

現在不一樣了。我們一早便開始清潔並打理自己的身體。先刷牙、淋浴、噴上古龍水，然後穿上衣物，這些都是為了維持身體清爽且乾淨。但是數十億的人們一早起來，明明感覺憂慮、壓力、焦躁和害怕，卻什麼也沒做。我們以為這些感受是正常的，但其實不然。正如我們可以清洗身體，我們當然也有辦法能「洗掉」心中的沮喪感受。

「聞一聞周遭的人」是一種趣味的小活動；而我真正要說的是，我們非常在意自己的外表，卻忘了關心自己的心靈。

我們的社會認為一早醒來就會感到壓力、焦躁、害怕和不安是很正常的感覺，但這些感受是種警告，提醒我們有問題需要處理，而不是概括承受並當成常態。你不應該過著一邊討厭工作又一邊虛度光陰的生活；「快樂時光」不應該是在每週五晚上喝酒慶祝自己又熬過了一個禮拜。

與其藉由藥物或不良習慣來壓抑那些負面情緒，更新自己的系統也

可以有一樣的效果。而更令我感動的是，越來越多人已經見證了這些新的系統的確管用，也親身體驗了迅速且有效的轉變。我稱這些系統為「超凡脫俗」(Transcendent practices)，包含了感恩、冥想、同情和喜悅等方法，是你超越世俗的重要依據。

現在你已經學會了找出、更新和創造生活系統上的底線了，接下來我們將把焦點放在如何讓意識系統卓越脫俗。正如你會在下一章學到的，這些系統可在人生和工作方面為你帶來可觀的成果。不過在我們翻到下一章之前，讓我們一起看看一位全球最有影響力的女性之一是如何應用這些卓越方法來經營事業和人生。

雅莉安娜・赫芬頓的馭心術

雅莉安娜・赫芬頓 (Arianna Huffington) 在 2014 年剛推出新書《從容的力量》(*Thrive*) 時，剛好讓我有機會訪問她。我很欣賞雅莉安娜；她經營著以《赫芬頓郵報》為中心的龐大媒體帝國，忙碌的生活仍不減損她散發出平靜又柔和的氣質。雅莉安娜與我分享了當她開始在忙碌生活中加入卓越方法後，她的生活中所發生的種種轉變。

2007 年 4 月 6 日是雅莉安娜的人生轉捩點，《赫芬頓郵報》剛滿兩週年，公司營運非常成功，但她也非常疲憊，她終於發現成功的指標不應該只有金錢和力量，還有一個成功指標原來一直被她忽略，她解釋：

　　人們常誤以為自己得親力親為，全天投入工作，尤其是新創業者。當然我們也有工作以外的生活，比如當我們創立《赫芬頓郵報》時，同時我還帶我的大女兒一起拜訪過幾間大學，

看看她想要申請哪一所學校。

　　某一次參觀完大學後，我實在是睡眠不足又累到不行，身體終於撐不住了。我的頭撞到桌子，導致顴骨骨折，右眼也縫了四針。我看了很多醫生，想知道自己是不是生病了，但同時我也捫心自問：「什麼是理想生活？什麼是成功？」結果我發現我們對成功的定義只圍繞著金錢和力量。然而，這兩件事物根本不足以定義人生。這就像坐在只有兩隻腳的凳子上──摔倒只是遲早的事。我才發現了第三個成功因素，其實是四大要點：健康、智慧、奇蹟與付出。

接下來她提到了冥想：

　　我不想只是追求高效的人，我還想要有愉快的心情。我每天睡滿八小時，然後每天早上都會冥想至少二十分鐘，週末則是一小時或一小時半。我很喜歡冥想。

然後我們又談到了感恩：

　　從前我醒來第一件事情就是查看手機。現在我已經不那麼做了。我會用起床後的一分鐘想想今天要做的事情，並且感恩我生命中所發生過的幸事，接著再設定今天的目標，這麼做讓我不再產生不必要的壓力。

我很喜歡雅莉安娜所分享的經驗。她的生活系統包含了冥想、行

動、感恩,以及目標設定。這位全球最有影響力的女性就是這樣展開新的一天。

有一次我在演講時詢問聽眾,想知道他們在冥想上遇到最困難的問題是什麼,結論是沒時間。我稱這種情況為「忙碌悖論」,冥想其實能幫你加速思考和創意過程,從而增加你的生活效率,當然也能讓你的一天時間更加充實。

雅莉安娜的生活非常忙碌。她曾被美國《時代》雜誌列為全球百大具影響力的人物之一,也曾被《富比士》雜誌評選為全球百大具影響力的女性之一。

不過她告訴我:「冥想的時間不用太長卻能讓我過著更好的一天。無論你我,所有人的生活想必都充滿挑戰,有很多問題需要我們去處理。所以當問題接連發生又無法避免時,冥想能讓我不會過度反應,並能立即決定處理問題的先後次序,也不會因為發生了不好的事情而倍感壓力。」

雅莉安娜的冥想建議是先從一天冥想五分鐘開始:

> 你可以慢慢增加時間到二十分鐘、三十分鐘,甚至更長時間。不過,就算只有幾分鐘,也能讓你開始養成新的習慣,而且冥想的好處已經是有目共睹的。許多書或研究都有提到關於冥想的科學附注。

我從雅莉安娜身上學到的智慧可能都夠寫成一本書了。她真的是女性的楷模,她分享了許多生活系統,同時也是這些日常習慣使她成為貨真價實的卓越之人。

．　．　．

　　從雅莉安娜的智慧，加上第三章哲學家肯恩‧威爾伯條理分明的文字，可以看出今日世界中的模式和系統確實需要有人去超越突破。

　　我相信人類將邁入一個結合身體、智能和心靈的全新時代，這也是此書接下來要探討的內容──讓我們進入自己的內在世界。

第三部

從心編碼

改造你的內在世界

當你開始進行了意識工程後，美好的事情便會接連發生；當你不再受制於胡扯規則後，所獲得的力量和自由將加速你的個人成長。

此時的你，想要做得更多、得到更多，也期許自己加倍付出。

第三部正是要教你該怎麼做。

之前的幾個章節著重在你所身處的世界並教你擺脫過去的老舊模式。現在我們將著眼於當下和未來，藉由關注有著互相矛盾的習慣、信念、情緒、渴望和野心的內在世界來為自己帶來美妙的秩序和平衡。

我們會反問自己兩個問題：

■ 快樂到底是什麼？該如何讓自己感覺到即刻的快樂呢？
■ 我對未來的目標和願景是什麼？

為了大幅提升你的快樂程度，我將教你新的生活系統，包含了三種能讓你每天過得更快樂的「幸福紀律」，你也可以當成是「駕馭快樂的絕對法則」。

你也將學到如何不再屈就於胡扯規則；如何替自己的未來設定具激勵感的目標。在此你將先學會如何用三個簡單問答來判斷目標（好點子）和手段（壞點子）之間的差異。

當你享受眼前的快樂時刻並被未來的願景拉著前進時，內在和外在世界才能和諧相接。這種感覺就好像幸運之神站在你這一邊，連宇宙也會拉你一把。我稱這種有如受到眷顧般的狀態為「變通現實」。

第 6 章
變通現實
找到你的卓越巔峰

「我已經意識到過去和未來都只是真實的幻想，兩者皆存在於當下，即刻便是一切。」

——艾倫‧瓦茲 (Alan Watts)，禪哲學家

愛情帶來的影響

前面有提過，以前的我根本算不上是典型的「可能成功的人士」。剛進入社會後的前三年，我的職涯成績單就像這樣：

- 曾經試著創立兩間新公司，結果失敗了。
- 曾經兩度獲得不錯的工作機會，但後來都被解聘了。

我有好一陣子只負擔得起一座沙發的租金。直到 2002 年才有了一份電話推銷授權軟體的工作。多虧了我在第三章談過的冥想推銷法，我的業績開始上升，很快就被晉升為銷售主管，並被公司派到紐約負責成立他們的東岸辦公室。

然後我遇上了一個阻礙。

愛情。

當時還不是我老婆的克莉絲緹娜是一位很棒的女孩，她美到每個人都會回過頭看她一眼。但這段關係有個大問題是距離，她住在愛沙尼亞的首都塔林，與我相距七千四百三十公里遠。對，我算過了。

我們試著固定見面，好彌補物理上的距離。我們就像一對落難鴛鴦，用微薄的住宿預算每四個月在巴黎或希臘見面一次。她願意這樣跟我談戀愛三年真的很不可思議，所以我向她求婚了，原因有兩個：從浪漫的角度來說──我們等不及想同居了；而從財務方面來說，飛越大西洋的機票和假期花費就快耗盡我的積蓄了。

因此我向老闆請假四個星期，打算要在歐洲結婚和蜜月旅行，然後去拜訪我們的親友。事情進行得很順利，直到我和克莉絲緹娜回到紐約的那一天，我接到老闆的電話。「你知道我很看重你，也真的很喜歡你，」他說，「但我不能空著這個職位等你。公歸公，私歸私，我還是得找個人來做事。」

我一時啞口無言，我還沒取得美國綠卡，所以也無法找新工作。克莉絲緹娜的情況也是一樣。「不過，」他說，「我可以替你推薦另一個職缺，只是薪水是之前的一半吧。」

我記得當時我就愣在電話那頭，感覺靈魂受到強烈的打擊，碎了一地。但我仍冷靜地回答：「嗯……好，我接受了。」

我在心裡用各種難聽的字眼，狠狠地咒罵了一頓。儘管我們口袋會越來越緊，但我們不打算放棄美國夢。

有時候當人們走入了困境中，只要抓緊機會也能重獲新生。我要養活兩張嘴，薪水卻只剩下一半，所以我得找其他方法賺錢。我曾讀過幾本關於網路行銷的書籍，再搭配我所學到的編碼和行銷方面知識，就建

立了一個簡單的網站來推廣及販售批發產品。我對冥想一直很有興趣，我認為從冥想相關產品開始著手應該會是一個不錯的開始。所以我註冊了我能找到最便宜的網域名稱：mindvalley.com。然後我的小小電商事業就正式上線了。每天下班後，我便利用在家的幾個小時，一步一步地經營這一家小店。

　　第一個月虧了八百美元；第二個月虧了三百美元。到了第三個月才終於開始轉虧為盈——每工作一天最多可以賺四塊半美元。我覺得挺不賴的，至少夠買一頓早餐了。我早上喜歡喝一杯星巴克，現在我那簡陋的網站已經能為我每天賺到一杯星巴克咖啡了。一開始我都喝大杯的摩卡咖啡，但隨著小生意的成長，不久後我便能每天賺進五塊半美元，我可以改買特大杯的咖啡了。那一刻真是讓我相當激動。

　　到了第六個月時，我已經每天能賺進六塊半美元了——不只可以買一杯特大杯的咖啡，並加價升級成榛果風味。不到幾個月後，我的小網站除了可以每天買一杯星巴克咖啡之外，還可以替我買一份 Subway 潛艇堡當午餐了。這確實很令人興奮。我還記得那時和朋友在酒吧一邊喝啤酒一邊驕傲地宣布，我的小小副業終於讓我每天買得起早餐和午餐了——想必過不了幾個月後，連晚餐也有著落了。

　　以上便是我新公司 Mindvalley 的故事開端。公司的成立原本不是想要闖出一番事業，沒有遠大的目標，更沒有任何底線。我原先只是想靠副業多賺點錢，卻在不知不覺走進了電玩設計師和心理學家早已察覺到的祕密之中——我把自己的人生「變成一場遊戲」。

　　網站的獲利持續成長，很快地我便有了一個新目標。我算過我和克莉絲緹娜在曼哈頓的食衣住行以及轉投資在公司所需的最低資金是每月四千美元。於是我在 2003 年的感恩節前夕，公司每月獲利終於達成

了這個數字時，打電話給我的老闆正式提出辭呈。

為何興趣變成了苦差事？

　　辭掉向律師事務所銷售軟體的工作意味著我不再持有美國簽證。克莉絲緹娜和我面臨了一個抉擇，我們可以回她在愛沙尼亞的老家，或是去我在馬來西亞的家鄉。愛沙尼亞是一個很美的國家但冬天氣候嚴寒。所以我們選擇了天氣比較溫暖的馬來西亞。

　　這就是我們為何離開美國的來龍去脈了。不過，還有其他的原因。自從九一一事件後，美國有幾年的時間都處於高度警戒狀態。政府用「特殊註冊」(Special Registration) 來監督來自特定國家的外來旅客，而馬來西亞正是其中之一。加上國務院認為我是「可疑人士」並應予以監控，因此我也被列入那份名單之中。

　　這個決定讓我只能在特定機場搭飛機，而且登機前還得花兩三個小時的時間讓移民署仔細審查一番。最糟糕的是，我只要人在美國，每隔三十天就得到當地的移民署辦公室登記一次。我最長的排隊紀錄，是在冷風中站上四個小時直到我見著了移民署的人員。接著他們會記錄我的指紋、拍照，並確認我的信用卡紀錄，確保我沒有購買任何危險物品。整個過程都很難受，而且覺得受人歧視。

　　忍耐了四個月後，我們決定放棄美國夢，移居到其他國家。但我從未因此不再熱愛這個國家。雖然我在馬來西亞長大，但我仍覺得自己比較像是美國人。然而，這個國家對待我就像對待假釋犯一樣，我也待不下去了。

　　所以我回到了馬來西亞吉隆坡的家，離我在紐約的好朋友、客戶和

廠商有半個地球遠的距離。紐約可是我最喜歡的城市。

　　Mindvalley 在馬來西亞一開始就只有我這一位員工，還有一隻忠心的拉不拉多貴賓犬，名叫歐茲（我命牠擔任公關經理，是國內第一隻在電子商務公司擔任有薪職位的狗）。過不了多久後，我們的事業便開始成長，我雇用了第一位員工並搬到一間位於舊城區的倉庫後面，用一塊小空間成立了第一間辦公室據點。我們接著增援更多的人手，也完成了更多的案子。突然間我已經得經營一間「實體」公司了。我得租借空間、聘雇員工、發薪資、報稅、到銀行辦理事情。我喜歡這個工作，但是日常經營也更加需要額外的勞心費神。再加上距離美國實在太遙遠了，我漸漸地開始力不從心了。

　　我很掙扎，只好沒日沒夜地投入工作之中。但更糟糕的是我遇到了瓶頸。接下來的四年公司表現乏善可陳，業績雖然有高有低，而且人員也擴編至十八人的團隊，卻都只能算是摸索階段。不過，至少還付得起開銷。到了 2008 年 5 月，我發現自己陷入了一個困境。儘管公司每月營業額有二十五萬美元，但也每月虧損一萬五千美元。要是再這樣繼續下去，我就必須開始縮編團隊人數了。

　　遊戲漸漸變成了一件苦差事，但這也正是先前在第一章提到的低潮階段。美好的轉變就要到了，只是當時的我還不知道罷了。後來，我的現實模式出現重大變化，讓我安裝了嶄新的生活和工作系統。接下來的八個月，轉變帶來的效果更加明顯，公司因此出現了超乎想像的成長幅度，並從此改變了我的人生。

接下來所發生的事情

　　我的身上到底發生了什麼樣的變化？我會馬上告訴你。但我們先看

看轉變後的八個月期間發生的事情。

- 業績突飛猛進：從面臨解雇員工的風險，到營收出現前所未有的漲幅。我們的營收是往常的四倍之多，而時間只過了八個月。2008 年 5 月的營收是二十五萬美元；八個月後，也就是同年 12 月，我們的單月營收第一次突破百萬大關。
- 工作變得有趣多了：我不再被壓力逼得喘不過氣，或是覺得工作時間很難熬。
- 與理想客戶來往：我們不用再拚命打電話，也不必再跟客戶討價還價。情況顛倒過來了，變成客戶主動上門來，而我的一部分工作是學習怎麼向客人說不。
- 成為更棒的團隊：在一年之內，我們的團隊人數從十八名擴編至五十五名。

好事還不只這些。到了 2009 年 5 月，也就是公司幾近崩潰後才一年的時間，我的人生已經截然不同。我永遠忘不了那一個月，我只有在辦公室裡待六天，其餘的二十一天則都在世界各地的沙灘上晃悠。我去了墨西哥的卡波參加朋友的婚禮。也在東尼・羅賓斯的斐濟小島別墅裡待了九天。後來我在理查・布蘭森的內克島上，與理查和其他人也相處了好幾天——我的夢想終於實現了。同時我的公司單月業績創下歷史佳績，單月銷售額也突破紀錄。我在電話中獲知這項消息時，人正好與東尼・羅賓斯和他的太太在斐濟的私人別墅裡。我擁有一間超讚的公司、美麗的妻子和家人。這是多麼美妙的一切，而我也是第一次，愛極了這一切。

奇蹟接二連三地發生在我身邊。一個比一個瘋狂的夢想實現了，好像突然走運似的。那麼是什麼事情讓我的生活，在短時間內突然翻轉了一百八十度呢？

為了有趣和利潤，你得要變通現實

如果你讀過前面的內容並正在練習那些方法，你興許已經相當了解人類傾向從世俗常規吸收「事實」並活在自己的大腦裡。你已經找出那些限制你人生的胡扯規則，也開始利用意識工程的原則去檢查自己的現實模式和生活系統是否使你故步自封，好讓你能靠著嶄新的框架，幫助自己成長。

不只如此，當你開始進行意識工程，並用全新的思維和生活方式，人生便得以更加遼闊和刺激。你準備好要做得更多、得到更多，並開始開拓真正的人生。當你得以熟練地掙脫世俗常規的禁錮，你便能讓自己進入另一個領域：屬於你自己的內在自我。現在你已經可以為自己重新編碼，從而使自己成為截然不同的人，並在這個世俗世界中創造屬於自己的世界。

不過，你不會用傳統的方式去做（文化駭客對傳統方式不屑一顧）。相反地，你將質疑並重新定義成功的兩大支柱，也就是快樂和達成目標。

只要能讓自己的快樂程度和未來願景之間達成平衡，不必拚死拚活也能快樂和達標兩兼得。我稱這種人生狀態為「變通現實」，這是種好像連宇宙都在為你撐腰，幸運之神也站在你這邊的狀態，就好像可以改變現實一樣，每一天都變得很完美，期望的願景也以驚人的速度展開。

當我在 2008 年夏天進入了這個狀態後，人生和事業便開始迅速成長。因此，身為優秀的工程師，我決定解碼這個祕訣，好讓自己和他人都能享有這個美妙狀態。

禍福相倚的經驗

時間回到 2008 年的夏天，當時我的事業正遇上瓶頸，我決定放下手中的工作，暫時不再讓自己研究數不清的創業和行銷策略，也不再沒日沒夜地思考該怎麼去執行那些策略。我決定了，我要去追求個人成長。

我知道自己有哪裡不對勁了，但我還不知道那是什麼。我讀了無數的書籍，也參加許多研討會。包柏‧普克特 (Bob Proctor) 和尼爾‧唐納‧沃許的書，以及哈福‧艾克 (T. Harv Eker) 和伊絲特‧希克斯 (Esther Hicks) 所主持的研討會，都帶給我深刻的體悟，我在其中最深刻體會的概念便是我的信念形塑著我們的世界。

雖然我明白這個道理，但知易行難。所以即便我也想讓公司業績好轉卻仍是徒勞無功。我眼睜睜地看著公司的銀行存款慢慢縮水，解雇員工的威脅漸漸逼近了。我試著在員工面前做出自信的表現，但內心卻覺得自己是個失敗的老闆。

我已經不記得自己是什麼時候有的體悟，但當我終於洞悉了那一個關鍵體悟後，情況就完全不一樣了，那一個體悟便是：不要把快樂留到未來才享受。現在正是享受快樂的時候。你的想法和信念才會創造你的現實，你才能處於喜悅之中。我才明白自己像是一輛油箱見底的車子，急需的燃料正是快樂。我明明擁有許多值得快樂的事情，但我卻過於執著想達成營收目標，以至於心中充斥恐懼和焦慮。

　　我想起幾年前，用一杯星巴克咖啡犒賞自己每天都能賺進四塊半美元的單純時光，那時候的我對每一次小小的勝利都心懷感激。沒道理現在的我不能用一樣的現實模式啊。大目標可以維持不變，但我不需要拿快樂當籌碼。

　　我決定改變這場遊戲以及自己的心態。為了讓公司營業額止跌回升，我訂下全新的目標，但我也決定讓製造快樂和幸福成為我的生活重心之一。我不再等達成目標後才開始享受快樂。

　　當我開始用這個方式駭入自己的生活和工作後，情況終於有所改善。6 月分的目標：營收達成三十萬美元達標了。所以我帶整個團隊去海邊度假，一起慶祝和玩樂。度假時我們又設立新目標：月營收達成五十萬美元。我的牆上還掛著 2008 年的那張照片。照片裡我們舉著一個牌子，上面就是寫著這個目標。我們在 10 月時達成了五十萬美元的目標，而且工作期間都氣氛快樂，接著我們設立了新的營收目標：一百萬美元。

　　我不知道事情是如何發生的，但我們在 12 月便突破了百萬月營收的大關卡。從 2008 年 5 月到同年的 12 月只不過八個月的時間，我們的月營收額從二十五萬美元，一路提升到了一百萬美元，而且我這段期間都過得很開心，生活方面也很順心如意。

　　一切從我轉變了心理模式開始：

目標設定要遠大，但不要讓你的快樂與目標綁在一起。
在達成大目標以前一定要讓自己過得開心。

　　我把這個心理模式當成一種哲理，也就是我所說的變通現實，意思

是說當你處於這種狀態時，你會覺得生活中的一切正轉向你，使你不費吹灰之力便得以心想事成——任何事情都可能發生。

這是一種微妙的平衡：

一、你有一個宏大的未來願景，拉著你前進。

二、然而此時此刻，你是快樂的。

關鍵是這天秤的兩端皆扎根於當下。正如保羅・科爾賀 (Paulo Coelho) 在《牧羊少年奇幻之旅》(*The Alchemist*) 書中說的：

> 我並不活在過去或未來。我只關心現在。如果你能活在當下這一刻，你便會活得很快樂。

不必掛念往日，用過去來定義自己；也不必擔心未來而迷失了方向。只有處於當下這一刻，你才能把握機會。投入即刻之中，方能駕馭人生的方向。

當你變通了現實，願景自然會拉著你往前走，但這不像是工作，倒是像一場你愛玩的遊戲。此時你的快樂與否也與願景無關。在當下的這一刻，你已經感到喜悅和快樂。你的快樂將伴隨著你去追求願景，而不必等到達成目標後才開始享受。

準備好試試看這個全新的模式了嗎？接下來將說明運作方式。

四種人生狀態

你可以將「即刻快樂」和「未來願景」想成是可以混合在一起的兩種原料，但前提是比例要平衡。任一種原料太多都會造成失衡及缺陷。

我們可以依據這兩種原料組成的比例來判斷自己正處於哪一種人生狀態之中。接下來我畫了一張圖，可以讓你了解這四種不同的人生狀態。

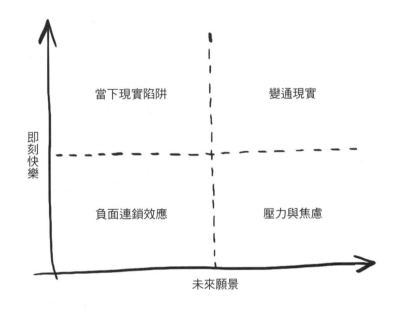

一、**負面連鎖效應**：當處於這個狀態時，你開心不起來，也對未來無所求。不滿意現在的情況，也不期待未來，這是個折磨人的狀態，你絕對不想在這裡多待一分一秒。在這個狀態的人，經常會感到鬱鬱不得志。

二、**當下現實陷阱**：這個狀態讓人感覺挺不賴的，因為你當下是開心的。偶爾進入這個狀態也沒什麼不好——比方說，你正經歷一段很棒的事件，或正在度假。不過要記住的是，幸福可能如曇花一現。抽大麻煙也能讓你感到快樂，但卻不能帶給你更長遠的快樂和滿足感。你需要的是貢獻自己、個人成長，以及做有意義的事情。這個狀態雖能帶給你短暫的快樂，卻無法給你

長期的滿足感。

三、**壓力與焦慮**：當我的公司遇到瓶頸時，我正處於這個狀態。很多創業家正處於這種狀態，許多追求工作成就的人也是如此。此時你興許有遠大的目標，但你卻把快樂與那些目標綁在一塊了。所以你正等著下一筆訂單到手、搬進新辦公室、達成下一個營收里程碑——才讓自己慶祝。眼光放遠，想要有所成就，都是好事。但是，要是你因此讓自己晚一點才享受快樂的話，那就不是最理想的狀態了。如果你已經很努力，卻不見成效，或者你覺得明明能付出許多，卻達不到你想要的目標，那麼你便可能正處於這種狀態。

四、**變通現實**：這是最理想的狀態，現在的你能感到快樂，同時對未來的期待也驅使你繼續前進。你的願景拉著你前進，而你卻是開心的——即便目標尚未達成。當你身處在這個狀態時，你會感覺到個人成長和快樂。對你來說，這就像一趟旅途，而且過程和終點一樣重要。這個狀態有趣的地方在於，連宇宙也會「為你撐腰」。不管你怎麼形容這個狀態，你都會覺得自己開始走運了那般。對的機會、對的想法和對的人，似乎都被你吸引而來。快樂就像一架裝滿燃料的火箭，帶你加速飛向願景。

變通現實的兩大關鍵

現在你已經了解變通現實對人生有多麼深刻的影響。接下來我們要更深入了解其中兩個不可或缺的關鍵元素。

一、享受即刻快樂

　　要實現變通現實，關鍵元素之一是你的快樂要與實現願景無關。追尋目標的路上隨時都有快樂，對已經擁有的東西心存感激也是一種快樂。

　　這麼一來，你會在努力之中獲得深刻的滿足感而更有動力朝目標前進，工作可能會成為一種渴望，甚至時間拉長也不覺得累。那些我認識的真正大人物都是一邊享受著這種絕妙的快樂，一邊追求他們的目標。事實上，要想真正達成目標，我認為讓快樂隨著你一同披荊斬棘，攀上崇高的願景才是唯一途徑。

　　我在內克島參加智囊營時，同組人曾向理查・布蘭森問道：「你一直這麼快樂。那當你難過時怎麼做呢？」

　　布蘭森回答：「我不會去記住那些難過的事情。我只記得那些美好的事情。」

　　布蘭森總是在找樂子，他有遠大的目標，也是最偉大的思想家之一，但他好像一直在玩遊戲一樣。

　　不只是布蘭森如此，一百年前有位叱吒風雲的人物也曾如此呼應：

　　　　我從小就被教導要一邊工作一邊遊戲，

　　　　我的人生如此悠長，如同愉快的假期；

　　　　全力工作，盡情玩樂。

　　　　在人生的路上，我放下了一切憂愁，

　　　　在每一個日子裡，上帝一直善待著我。

　　這是約翰・洛克菲勒 (John D. Rockefeller) 在他八十六歲時寫下的

詩。當時富甲一方的他用這段極為簡單卻明瞭的文字告訴世人要放下憂慮，並鼓勵大家要一邊工作、一邊玩樂，才能讓人生成為一場「快樂的長假」。而他覺得上帝對他很好；從別人的角度來看，這也許就是「好運氣」或「好福氣」。

所以無論你現在是在哪一種狀態，請記得別把快樂與目標掛鉤。即便你尚未達成目標，也可以享受一路上的快樂時刻。時時享樂，能讓人生充滿喜悅，也才能加快腳步朝目標前進。

獲得即刻快樂的妙計

我們會這麼難以感受到快樂是因為我們的思考方向錯了。很多人的快樂模式都是「要是怎麼樣，就會怎麼樣」：要是某件事情發生了（比如找到對的工作、找到完美的另一半、買了夢想中的房子、生一個孩子、寫一本暢銷書），那麼我就會快樂。

這個模式其實存有兩大瑕疵：

（一）我們掌握不了快樂：快樂反而取決於工作、別人、房子、孩子、書等其他東西，很荒謬吧？

（二）快樂讓我們表現得更好，也更有吸引力，人生從此操之在己：拿事業成就來綁架快樂反而會帶來龐大的壓力和焦慮。所以當我的公司陷入危機之際，我也跟著淪陷了，我開始做錯決定並引發一連串的負面危機循環。不只是我，我也見過許多成功人士曾經歷過這樣的情況。

我們不應該等事情完成才享受快樂；
應該先成為快樂的人再開始做事。

　　快樂能讓你加速奔向目標，但不應該與目標實現與否掛鉤。目標與人生需要平衡點，也就是讓自己享受即刻的快樂。你可以每天練習如何心滿意足、欣賞一路上的美景而不只是遠方的終點。這麼一來，你將突破壓力和焦慮，以最佳狀態去實現願景。有關練習的做法，我們會在下一章詳細說明。

二、對未來抱有令人興奮的願景

　　卓越之人總是對未來懷有願景。這個願景可以是創造一件藝術作品、創造一種服務或產品、爬一座山，或者養育一個家庭。

　　在某種程度上來說，這些人是活在未來之中，另一方面，傳統的心靈成長則強調「活在當下」。我則認為活在當下只是其中一部分，即刻的快樂讓你著眼於現在，但你也需要大膽的夢想拉著你往前走。

　　現在，我要再溫馨提醒一次，請確保自己的目標來源不是胡扯規則，否則即便你達標了也只是獲得一個毫無意義的目標。我的微軟目標就是典型的用胡扯規則當本源，然後在達標後反栽了一個大跟頭；許多創業家也是如此，他們為了生計創立事業，達標後又發現自己被困在朝九晚五的平凡生活之中。

　　但你不一樣，你想要擁有的未來願景會與靈魂息息相關，也就是我們所說的「最終目標」。後續第八章將教你如何用「人生三大問」來設定自己的目標。

實現願景的妙計

　　從企業管理到個人的目標設定方法，我已經數不清自己讀了多少本這類的書籍了。然而，當我們以一種有條件限制的方式來定義快樂的同

時就很容易誤入歧途，原因有以下三種：

一、**混淆胡扯規則與目標**：我們會把目標設定成自己必須做某一種工作、過著某一種生活，或者打扮成某一種樣子，但這些往往是社會灌輸給我們的胡扯規則。卓越之人不會搭理世俗常規，不受胡扯規則所傳染。相反地，他們創立自己的目標。

二、**對不知道的東西視而不見**：人會追求能帶來快樂的具體事物，這並沒有錯；然而，我們只看得到那些既定的東西。那些看不見的願景，是否能為你帶來更美麗的風景和終點呢？我們會用本書的第四部分來探討這個情況。

三、**不擅掂量自己的輕重**：不夠認清事實就容易好高騖遠或低估自己，就好比我們總是高估自己在一年內能辦到的事情，卻低估了三年內能完成的事情。

這就帶到了第六條法則：

卓越法則六：變通現實

卓越之人懂得變通現實。他們對未來抱有大膽且令人興奮的願景，但他們不會拿快樂當籌碼，他們時時刻刻都是幸福快樂的人。這種平衡狀態使他們奔向願景的同時也不忘享受沿途美景。在外人的眼中，他們都是「幸運兒」。

◆ 練習：自我評估

接下來的八道簡單自我評估題目，可以幫助你衡量自己是否正在變

通現實。請選出最符合情況的描述。如果你才剛要起步也不用擔心。我們接下來還會看到更多，能幫助你變通現實的錦囊妙計。

一、我熱愛我的工作；對我來說，工作已經不再只是工作了。

　　完全錯誤　　偶爾如此　　完全正確

二、這份工作對我富有意義。

　　完全錯誤　　偶爾如此　　完全正確

三、我在工作時，總是如此快樂，以至於我感覺時光飛逝。

　　完全錯誤　　偶爾如此　　完全正確

四、即便事情進展不順遂，我也完全不擔心，好事定會發生。

　　完全錯誤　　偶爾如此　　完全正確

五、我對未來充滿期待，我相信好事總是會發生。

　　完全錯誤　　偶爾如此　　完全正確

六、我鮮少會感覺到壓力和焦慮。我相信自己具備實現目標的能力。

　　完全錯誤　　偶爾如此　　完全正確

七、我期待未來，因為我抱有獨特且大膽的目標。

　　完全錯誤　　偶爾如此　　完全正確

八、我會讓自己有足夠的時間，好好想像未來願景。

　　完全錯誤　　偶爾如此　　完全正確

如果第一題到第四題的回答都是「完全正確」，表示你是快樂的。如果第五題到第八題的回答都是「完全正確」，表示你是有願景的。如果所有回答都是「完全正確」，表示你正處於變通現實的狀態。然而，大部分的人會發現，自己的答案是傾向「感覺到即刻快樂」

或「擁有很棒的願景」。只有少數人會對所有的題目回答「完全正確」。

變通現實是為了得償所願

變通現實有如變魔術，手指輕輕一彈就能搞定一切。當你樂在其中時，即使工作也不覺得忙碌。當我處在這種工作狀態時，直覺和領悟總是像雨後春筍般地冒出頭來。當你因為愉悅的心情而靈感不絕，越關注願景就越容易找出有助於實現願景的東西。有時候天時地利人和，自然水到渠成。這就是神奇的吸引力法則嗎？還是所謂的腦內網狀刺激系統呢？對我而言，是什麼都無所謂。重要的是建立管用的現實認知。

> 既然你能選擇想要的現實認知，
> 何不選一個能使你得償所願的呢？

我將以上這種狀態稱為人生巔峰狀態。從實際面來看，這是激發生產力的絕對有效方法。當你處於這個狀態時，你會感覺自己可以輕鬆不費力地加速願景實現。

其實，我們每個人幾乎都曾經感受過這種巔峰狀態，但重點在於如何持續下去，而那些找到持續方法的人都能成為卓越之人。這方法就是「幸福紀律」。

2009 年我在加拿大演講時分享了這一章的故事，以及商場和團隊中的應用方式。我當時是用「心流」來描述這個狀態。後來我在經過幾年的練習後，才彙整成自己的變通現實。等你也學會後，你會發現不只能塑造自己的「心流」狀態，連周遭事物也會聽你號令。

第 7 章
幸福紀律的練習
讓快樂常伴左右

「想要讓大腦發揮出最棒的表現，我們必須讓大腦感受到積極的情緒，而不是消極或不慍不火的情緒。但諷刺的是，現在的人為了成功卻犧牲了快樂，反而弄巧成拙。」

——尚恩‧艾科爾 (Shawn Achor)，
《哈佛最受歡迎的快樂工作學》(*The Happiness Advantage*)

在餐桌上跳舞的億萬富翁

在理查‧布蘭森的內克島所度過的假期令我和克莉絲緹娜難忘。一個晚宴中，我注意到幾個創業家趁著酒酣耳熱的氣氛，開始試著問理查一些更嚴肅的話題，商業、投資甚至如何經營公司等問題都有人問。雖然突然把休閒晚宴搞得越來越嚴肅不太好，但這也很難責怪他們。如果你有幸坐在一位傳奇創業家面前，你也會忍不住想從他身上吸取一些智慧。不過，我覺得提問時間就要結束了。這理應是個有趣又輕鬆的晚宴。

果不其然，理查接著做了一件令大家詫異的舉動。他先禮貌地打住話題，然後便穿著夾腳拖，爬上了滿是餐盤酒杯的桌上並朝坐我身旁的克莉絲緹娜伸出一隻手，把她也拉上了原木桌。

「我們來跳舞吧，」他說。

他們還真的跳起舞了。他們就在桌上翩翩起舞，眾人先是詫異地看著他們，接著不禁笑了出來，當然桌上的刀叉和酒杯可就不走運了。

這就是個人生及時行樂的絕佳例子，生命短短數十載，怎麼能只有工作呢？理查・布蘭森正是我眼前活生生的完美典範，他讓我知道卓越之人在追尋夢想的同時，也不忘活在當下的快樂當中。

幸福紀律：練習天天開心

理查・布蘭森讓晚宴又再次充滿歡樂的氣氛。他讓大家知道，快樂是掌握在自己的手上。當苗頭不對時，你可以讓自己回到快樂的狀態。

科學家已經發現發揮最理想實力的關鍵之一便是我們控制快樂的能力。這也是學習變通現實的必要條件之一。以下將介紹一個簡單的練習，不只能幫助你感到平靜，還能讓你體會到真正的喜悅；讓你駕馭心靈，結合現實世界的欲望，從而幫助你實現目標、夢想成真。我就稱之為「幸福紀律」：學會了便能天天有好心情。

快樂為何如此重要？

許多研究都在探討快樂與執行力之間的關聯。接下來是一些頗富說服力的研究發現。

快樂有助於提升工作表現：在尚恩・艾科爾的《哈佛最受歡迎的快樂工作學》中曾提及一種常見的醫學院訓練方式，醫學院會讓學生參考病人的症狀和病歷進行診斷，目的在評估他們是否具備醫生的專業知識及跳脫框架思考的能力，藉此避免誤判病情（也就是所謂的「錨定效

應」）。有一項研究要求三組醫生進行這類的病情分析。第一組醫生在進行測驗前心情是「相當不錯」；第二組醫生則依研究人員要求，在測驗前先閱讀了「中立」的醫學資料；最後是對照組的醫生，他們在測驗前不用做任何事情。比起對照組，測驗前心情愉快的醫生們做出正確診斷的速度快了近一倍，而錨定效應的測試表現也完全勝過對照組的醫生。這究竟是怎麼一回事？原來那些心情愉快的醫生事前有拿到了一些糖果。然而，為了避免研究結果可能受到血糖升高的影響，研究人員甚至不准他們吃掉糖果！所以艾科爾在書中寫下了一句令人不禁莞爾的玩笑話：「也許病人應該送醫生棒棒糖。」

正面的態度能帶來更好的結果：馬汀・塞利格曼 (Martin Seligman) 博士是正向心理學的先驅，著有《學習樂觀，樂觀學習》(*Learned Optimism*) 一書。他用一套自行研發的測驗來研究一萬五千名美國大都會人壽保險的新進業務員的樂觀程度，並追蹤他們接下來三年的業績表現。結果樂觀程度居前十個百分比的業務員的業績，比悲觀程度居前十個百分比的業務員更高出了 88%。塞利格曼博士也發現樂觀程度會影響其他的行業。他的結論是，樂觀的業務員業績可更比悲觀的業務員高出 20% ～ 40%。

快樂有助孩童學習：尚恩・艾科爾在《哈佛最受歡迎的快樂工作學》中另有一項研究是讓四歲的孩子進行一些「學習任務」。研究人員要一群孩子先回想快樂的事情，另一群孩子則不用這麼做。結果回想快樂記憶的那組孩子會更快完成任務，且出錯的次數較少。你可能會好奇，要是我們設計課程時，能考量學生的快樂，那麼情況會是怎樣呢？

看完了這麼多證據顯示快樂能帶來更好的表現，學習控制並維持快樂的心情似乎是獲得卓越人生的關鍵之一。然而，快樂究竟是什麼？

快樂從哪來？

在我們開始實地演練幸福紀律之前，更重要的是定義快樂是什麼。我相信快樂可區分為三種類型。

一、快樂來自於獨一無二的體驗

獨特體驗而產生的快樂感使人感覺心臟撲通撲通地跳著。贏得球賽、完成一筆大生意時的快樂感都能使人神采飛揚，雀躍的心情溢於言表。這股難以言喻的歡喜是源自人體內的化學物質變化，讓人在當下得到深刻且短暫的體驗。然而一旦大腦內的化學物質恢復正常水平時，反而會讓你感覺心情沮喪和失落。微量的腦內化學物質分泌能帶來美妙的感受，但是一不小心也會令人上癮，甚至具有破壞力。長時間倚賴這種即刻的歡愉心情，會讓我們因為太過於快樂而不思進取，文明反而不會進步。獨一無二的體驗而產生的快樂是一種短暫的快樂，但不是唯一的快樂源頭。

二、快樂來自成長及覺醒

相較於美妙的體驗所帶來的快樂，第二種是較不常見，但能持續比較久的快樂。這是當你進入靈修者和禪修者所提倡的更高層次的意識時，你將從中獲得快樂，所以我稱這種快樂為「來自成長和覺醒的快樂」。為了追尋覺醒，人們會使用許多不同的方式，從練習正念到靈修等各種方法。已經有無數人踏上成長和覺醒之路，在在凸顯人類多麼看重這種快樂。

三、快樂來自意義

　　我很愛我的孩子，但老實說教養孩子有時候一點也不有趣。我曾經整晚沒睡，捧著哭鬧不止的嬰兒，一下子換尿布，一下子又抱在懷裡來回走上好幾個小時。所以我不會說自己是快樂的家長。科學研究也說照顧小孩會對快樂有害。即便如此，我依舊甘之如飴。我相信絕大多數的家長也和我一樣。

　　社會心理學家羅伊‧博美斯特 (Roy Baumeister) 博士發現，當家長想在教養中找到意義，這種「育兒矛盾」才會消失。儘管養育子女是一份看似無法獲得短暫快樂的苦差事，不僅勞心費神，更需要父母犧牲自我，但它卻能夠帶來許多意義。博士指出育兒矛盾的趣味就在於，人類如此看重意義，甚至願意犧牲足夠分量的快樂去換取意義。

　　正如我們在第六章看到的，意義源自我們對未來抱持的強烈願景，是快樂的重要成分。我們會在接下來的章節仔細探討如何尋得意義和使命，幫助你踏上個人成長途徑。

　　人生的旅程中總是充滿了得到獨特的體驗、成長與覺醒，以及出發去尋找意義的機會，所以以上這三種快樂其實也是一直如影隨形。可惜大部分的人只習慣於製造特定種類的快樂而錯失許多。

測量你的快樂

　　回憶一下你生命中感到無比快樂的時刻，也許是你墜入愛河、結婚、孩子出生、夢想成真、領悟真諦，或者慶幸自己活著的那一刻。那種感覺很不賴，對吧？

　　現在感受一下自己當下的心情。

　　你大概會覺得自己沒有特別開心，但也不怎麼難過。一般來說，人

本來就不會長時間一直快樂或者一直傷心。

　　研究顯示無論好事或壞事發生之後，每個人最終都會恢復到自己平常的快樂程度。這種現象叫「享樂適應」。享樂適應能幫助我們不至於永遠受困於悲傷的情緒之中，當然也不讓強烈的正面事件所帶來的快樂盤據心思太久。我們與生俱來的適應力使我們得以適應周遭所發生的情況並繼續生活。

　　然而，研究發現快樂是能被破解的。我們已經學會如何提升十二平衡領域的原點，快樂也一樣可以。無論你身邊發生了什麼事情，你都可以實際提高自己的快樂程度，從而每一天感受更多的快樂。這裡我特別提出了三種生活系統，我深信它們一定能有所幫助。

幸福人生往這走：促進快樂程度的三種幸福紀律

　　接下來的三種幸福紀律能幫助改善生活品質，我稱它們為「超凡脫俗」。這是一種需要經由內化或具體化的意識實踐。當你在日常生活中體驗到了更大的滿足感（往往伴隨著一股快樂感），你便知道卓越脫俗正在發揮效果了。

　　這表示壞事將不再發生，或你再也不會不開心了嗎？當然不是。不過這些快樂系統將帶你從逆境中振作起來，回到更甚以往的快樂起點。

　　這三個系統都經科學實證可以大幅提升我們的快樂程度，有時候這種進展還能持續數月之久。我在 2008 年也是利用這三個系統把自己拉出壓力和焦慮的泥沼，並讓我的職涯和事業再次振作起來。相信也能在你追尋刺激且冒險的人生時成為你的船舵，帶你離開胡扯規則的漩渦。

第一項幸福紀律：感恩

　　感恩帶給你的快樂感應該是所向無敵的，科學界也對此產生了莫大
興趣並產出了多項研究。感恩已經證實能帶來諸多好處：

- 更有活力
- 加倍寬容
- 減輕憂鬱
- 減少焦慮
- 拉近人際關係
- 睡得更好
- 減少頭痛機率

　　羅伯‧艾曼斯 (Robert A. Emmons) 博士與麥可‧馬柯勞 (Michael
McCullough) 博士所做的一項研究發現，那些寫下前一週所發生的五件
值得感謝事的人比較快樂，他們的快樂程度比起寫下前一週所發生的五
件負面事件的人高出 25%。而且運動量變多了，也感覺自己比較健康。

　　在另外一項研究中，艾曼斯博士請人寫下每天所發生的正面事件。
結果發現參加研究的人不只表現得更加感恩也實際幫助了更多的人。顯
然感恩不只能促使人們付出，還能從而促使他人因為這種社會的感染力
而更快樂、更感恩。

　　如何在日常生活中增加更多感恩呢？你只需要換個方向測量你與感
恩的「距離」即可。這個點子是來自知名的創業教練丹‧沙利文 (Dan
Sullivan)。正如接下來這張圖所繪，大部分的人習慣看著前方──打量

著現在與想到達的位置之間的距離。但問題在於我們總是告訴自己要達成目標才會感到快樂：當我們達成營業額目標、結了婚、孩子出生，還是銀行存款有多少才能快樂。

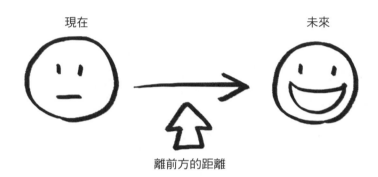

所以問題來了，目標是永遠都追不完。無論生活過得再充裕，你總會想要再更好。把快樂當成實現目標後的報酬就像在追逐永遠在你前方的地平線一樣，無論你跑得多快多遠也追不上。

因此，沙利文建議我們要往後看，看看我們的過往並欣賞我們這一路走來的距離有多麼長。這個方法叫做「回頭便能看見快樂」。

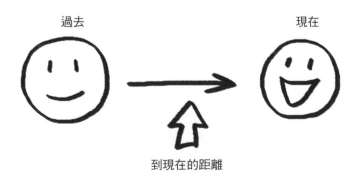

沙利文如此解釋：

　　當我開始覺得失望或沮喪，或壓力真的很大時，我會立刻問自己，「那麼你是拿什麼做比較的？」當然，我是拿自己跟理想狀態做比較。所以我會接著問，「好，請你轉過頭，看看你是從那裡來到這的。」當我轉過頭看看我身後的距離，從一開始走到現在這個位置——砰！我立刻好多了……原來我已經學到了這麼多，取得了如此大幅的進展……短短幾秒鐘我便走出負面情緒，以正面的眼光欣賞自己已經獲得的果實。

　　即使在低潮時刻，你也可以回頭看看自己已經走了多遠，一路上你已經學到了多少，以及得到了多少幫助。回頭注視這段距離是有效製造感恩的完美方法；比起努力追逐未來的快樂，珍惜當下的成果能帶來更多的快樂，也是感恩能成為幸福紀律之一的道理。

　　讓每一天都從感恩開始，再以感恩為結尾。我每天早上的冥想也包含感恩，我會練習著回頭看看自己的生活，舉出五件令我心懷感謝的事情，接著想想工作上五件令我感謝的事情，以下是範例：

■ **生活方面：**

一、我的女兒伊芙，和她臉上美麗的笑容。

二、昨天晚上一邊喝著紅酒，一邊觀賞 BBC 台播放的《神探夏洛克》(Sherlock)，那種愜意所帶給我的快樂感。

三、我的妻子，同時也是我人生的伴侶。

四、和我的兒子一起玩星際大戰系列樂高的時光。

五、出版商坦妮雅留在我桌上的那杯精緻咖啡。

■ **工作方面：**

一、我的管理團隊，以及他們帶給公司的驚人才幹。

二、我的線上課程「意識工程」收到了一封超棒的信。

三、昨天在辦公室度過了超級好玩的「文化日」。

四、我們正緊鑼密鼓地籌畫 A-Fest，而且這一次的地點超棒。

五、同事也是我的朋友，每次我到了辦公室，他們都會給我一個大大的擁抱。

整個過程不到九十秒就完成了，不過對我來說，這可能是每天最重要也最有影響力的九十秒。

◆ **練習：常懷感恩之心**

我們在第四章學會了只需要一至兩分鐘便能阻止負面現實模式扎根的兩種感恩練習。接下來我們要學得更深入一些。每天花幾分鐘回顧生活中發生了那些值得感謝的事情呢？試著想想……

在生活上，三至五件令你感謝的事情。

在工作上，三至五件令你感謝的事情。

有些人不擅於在別人面前表達即時的答謝。沒關係，因為太多人已經習慣於省略答謝的生活方式。不過接下來的幾個竅門能幫助你快一點學會即刻表達謝意：

聚焦於自己的感覺：很多人把這項練習變成機械式地列舉清單，或者列出他們「應該」感謝的事情（注意，這正是胡扯規則的徵兆）。為

了避免掉入陷阱，請花五到十分鐘，細細感受這些感覺，將焦點放在感覺是快樂、樂觀、寬慰、溫柔、自豪、性感、充滿歡笑，以及充滿愛的事物上。當你在某一項感覺上找到值得感恩的事情，無論是因為你心愛的孩子，或者是你的膚質狀況變好——快樂感便會立刻湧上心頭。

每天早晚兩次練習：正如雅莉安娜・赫芬頓每天用冥想來開始一天的生活，我們也可以每天早上花點時間表達感恩，這麼做會對接下來的一天產生驚人的效果。同樣地，我們也用感恩來結束這一天，從而鞏固更積極的現實模式。

傳遞感恩之美：想想看有什麼辦法能讓你跟其他人一起練習感恩。你也可以跟我一樣試著跟孩子一起練習感恩，或者週末結束前和伴侶喝杯紅酒（那可真是幸福時光）。傳遞感恩之美將帶來加倍的好處，聽取別人所感恩的事情也可能成為另一股力量，鼓舞你去探索生命中更多值得感謝的事情。

第二項幸福紀律：原諒

矽谷正在流行「量化自我」(Quantified Self) 的運動風潮，生物駭客們忙著衡量自己生活領域的各方各面。曾經使用手機應用程式評估自己的睡眠品質，或者利用穿戴科技記錄每一天的步數嗎？這些都是量化自我的方式。簡單來說，你正在運用測量工具來促進自己的生活健康。

「量化自我」的測量也蔓延到用腦波測量冥想功效。防彈咖啡開發者戴夫・亞斯普雷就邀請過我去做這樣的測試。戴夫是一位非常優秀的創業家，更是我見過身材最精實、最聰明的人之一。不過他告訴我，不到十年以前的他體重曾突破三百磅，而且生活也是一團亂。戴夫說當他開始用這一種新的冥想方式後，一切都改變了。

　　我直接去了一趟英屬哥倫比亞省維多利亞市，和戴夫見面並親身嘗試這個被命名為「四十年之禪」(40 Years of Zen) 的課程。這是什麼奇怪的名字？是這樣的，發明這項技術的科學家研究了許多有一番成就的人的腦波──億萬富翁、直覺派人士、創意家、僧侶和神祕主義人士。結果發現當他們利用這些方法進行冥想時，大腦所呈現的腦波模式與那些修禪了二十一至四十年的人如出一轍。

　　於是我便開始探索這個課程，而一同展開探索之旅的同伴中，有一位好萊塢演員、一位剛以十億美元售出自己公司的男子、一位頂尖醫生、營養及健身專家 JJ・維珍、行銷業界的傳奇人物喬・薄里西 (Joe Polish)，以及戴夫。

　　這種冥想方式很類似於用來測量睡眠品質的手機應用程式，只不過還更加高科技，我們配戴了一些最高端的腦波測量生物回饋儀，儀器會根據我們所製造的腦波發出不同的嗶嗶聲。「α 波」(alpha 波) 能增進我們的創造力、同情心、洞悉事物、原諒和愛人的能力；「θ 波」(Theta 波) 能促使產生創造力和直覺；還有與「改變現實」有關的「δ 波」(delta 波)。我們會看著螢幕上的數字觀察當下的腦波振幅（振幅越大越好），與「改變現實」有關，同時也看看左右腦之間的腦波共振（同步共振表示心智狀態較佳）。

　　一般的冥想方式或正念練習與四十年之禪的差別在於四十年之禪是根據實際的生物回饋做紀錄。當你戴著監測儀器做冥想時，機器會記錄腦波高低，所以很容易辨別什麼有效、什麼沒有效果。你看得見冥想在大腦中掀起的波浪，而且是即刻轉播。

　　這個課程的主要目的是學習如何製造更多的 α 波，讓我們擁有更強的創造力、心理更放鬆、更有能力解決問題，以及其他需要長年練習

冥想才能得到的益處。

　　包含我在內的所有人都在練習中有重大突破，事實上我從來不曾在這麼短的時間內看見自己的冥想技巧有如此快速的成長。我們在這七天課程中也終於琢磨出增進 α 波的祕訣──原諒。

　　心懷怨懟是阻礙大腦製造 α 波的最大戰犯，然而當我們報名這個課程時，手冊上完全沒看到原諒二字。我們之所以報名是為了增進思考力和創造力、體驗更深層的冥想，以及撫平心中的壓力及焦慮。然而，學會原諒讓我們獲得了這一切。我們已經從神經回饋數據親眼見識到原諒能帶來的成果。

　　我們必須學會原諒生命中每一位曾經傷害過自己的人，即使微不足道也無一例外。我必須原諒我的中學老師、生意夥伴、家人，以及我能想到曾經造成或大或小傷害的每一個人。每當我原諒了一個人，α 波便立刻激升。這個課程所教導的方法，讓我們都得到了超乎想像的效果。

　　對我而言，這次的課程來得恰到好處，因為我確實需要自己的原諒。

從惡夢中甦醒

　　生命有時候會對你開玩笑，還是近乎諷刺的那一種。

　　在課程開始三個月前，我剛好經歷了人生中最慘烈的一段時期。我的其中一間辦公室聘請了約一百五十名員工，但我卻發現有一位深得信賴的員工有中飽私囊的舉動。他先假造我們的協力廠商名目──從空調維修人員到清潔工，及各種清潔服務，然後依照我們辦公室所需要的各項服務來捏造高額的不實款項後支付給他自己的公司。所以本來我請來負責處理清潔和維修工作的人，實際上卻是把錢付給他自己的公司，請他的公司來提供服務。這種作法不只違法，更犯了貪汙重案。

　　當他被查獲時已汙錢超過十萬美元。對我來說，這是一次巨大的打擊，我如此信任了四年的人卻這般利用我，簡直不敢相信。我感覺一陣胃痛，卻不知道自己是在難過還是厭惡。

　　倒楣的事情還不止這一樁。我們解雇他並向警局報案，結果他卻轉而攻擊我的生活。從威脅要找黑道教訓我、跟蹤我的車，到向消防局舉報不實指控，讓他們以為我們的辦公室沒有安裝消防設施而跑來做消防安檢，接連好幾個月的想盡辦法妨礙公司營運。那段時間讓我和家人心煩不已，應該是我這輩子經歷過最操心煩惱的事情了。

　　所以當我們透過四十年之禪練習原諒的時候，我把這位先生留到最後一個。

　　終於輪到我進入一個黑暗的小房間裡，準備進行冥想。原諒那位曾偷我公司錢的小偷，他背叛我的信任，還威脅要傷害我。當我完成冥想後，我聽見機器突然發出了嗶的一聲。

　　我的腦波圖出現了最高分的紀錄。

　　原諒那個男人後我終於解放了。我一直都知道原諒的力量很強大，但從不知道可以有這麼驚人的效果。我很訝異自己居然可以徹底原諒他。不只如此，我還能感覺到自己發自內心地同情他。

　　雖然這個人的所作所為很是折磨，但我相信若是今天當面遇見他，我也能輕鬆地和他坐下來，喝一杯咖啡，撥出時間去理解他，且不會情緒緊繃或心煩意亂。

　　這就是「以愛原諒」的真諦了。

　　所以想掌握幸福紀律，原諒正是竅門。

◆　練習：解放自己並真正原諒

這裡我所分享的是簡化過的原諒練習。

你可以先在筆記本或電腦上寫下曾經傷害過你的人，或者曾讓你感到受傷的情況，無論是最近發生的，或很久以前的事情都可以寫下來。回想也許是一件不容易的事，尤其當你正在處理那道心中的傷痕，或者是已經結痂卻不見好轉的疙瘩。請給自己多一些耐心，別忘了原諒跟快樂一樣，只要練習就能做越做好。對我來說，練習釋放怒氣及療癒傷痛的時間和努力從不會白費，因為這是值得投入的事情。如果你已經準備就緒了，接下來就從名單上選出一個人，開始練習吧。

第一步：還原場景

首先，閉上眼睛。接下來需要約兩分鐘左右的時間，讓自己感覺回到事情發生的那一刻，想像一下當時的周遭環境。（我自己的練習實例是想像那位霸凌我的中學校長就站在籃球場上，命令我在烈陽底下罰站好幾個小時。）

第二步：重溫憤怒和痛苦

當看見那位曾傷害過你的人就站在你的面前時，你會情緒激動。感受那股怒氣和痛苦在你心中沸騰，但要注意時間不要超過一分鐘。

當你重溫那些情緒後，接下來就是進入最後一步。

第三步：以愛原諒

繼續看著站在你眼前的那個人，不過現在我們要從同情的角度出

發。問問自己：我從中學到了什麼？我的人生要如何過得更好？

當我做到這一步驟時，我想起了我最愛的一位作者尼爾・唐納・沃許曾說過：「宇宙沒送給你什麼，只有天使」。要相信在生命中所遇見的每一個人，甚至是傷害我們的人都是為了讓我們學會重要課題的天使。

想想你從這件事情學到的課題，即便那會讓你無比難受。想想要怎麼從這些教訓中成長？

接下來，輪到那些曾傷害過你的人。想想他們曾遭受過什麼樣的不幸或劇痛才讓他們做出這些行為？

要記住的是，傷者傷人。那些傷害別人的人，過去也曾經受過傷。想想他們可能小時候受過傷害，或者是最近幾年。

當我做這個練習時，我想像那位偷我錢的男子小時候也許家境貧困或曾遭受虐待。想像他或許從小便過得辛苦，唯一的生存方式就是偷竊。我不知道他過去的真實經歷，我也不需要知道。但想像可以幫助我假設他的處境，從而讓自己產生同情心，而不只是怨懟和不平。

這個步驟大概會花幾分鐘的時間。完成之後，你應該能感覺自己對這個人的負面情緒又減少了幾分。重複練習原諒，直到你終於發自愛而選擇原諒對方。如果受的傷害比較嚴重，可能需要花幾個小時或幾天的時間練習原諒；如果是比較輕微的情況，比方說與同事之間的摩擦，大概五分鐘就夠了。你從來都不需要去求別人，你只需要原諒他們即可，而這完全是你能掌握的。

這裡還有一個重點是「以愛原諒」不是要你放下而已。（以我的例子來解釋，即我不會向警察撤回對他的指控。）採取必要的行動保護自己，尤其違法行為一定要報警處理。

但請不要被痛苦侵蝕。

和我一起參加課程的朋友喬・薄里西隔天傳了一則他在網路上找到的一段引述給我：

> 無可撼動：當你處於真正的平靜並徹底了解自己，任何人的言語或行為都動搖不了你，任何負面事物都碰不著你。

當你做到真正的原諒時，你便成為了無所撼動之人。雖然有人會苛待你，但你會採取防禦行動來保護自己。除此之外，你的生活將不受影響，因為你不會在他們身上浪費力氣了。

四十年之禪讓我經歷了前所未有的個人成長，我在冥想後感受到自己終於全然釋放心中的憤恨和不平。多年累積下來的不滿，終於一下子都清理乾淨了。我鬆手放開那些早已模糊，卻依然沉重的回憶。我終於對那些曾經傷害過我的人，不再抱有負面情緒了。

現在的我感覺比以前更加平和。我相信你也做得到。

第三項幸福紀律：付出

達賴喇嘛曾經說過：先讓別人幸福快樂，才能得到快樂。

付出來自感恩，而感恩讓我們對生活充滿正面感受和能量。當我們裝滿了自己的杯子，才有能力填滿別人的杯子。艾曼斯博士的研究發現懂得感恩的人更加體貼。博美斯特博士的研究則發現，認為自己是「付出者」的人更具有體會人生意義的能力。他也發現人生意義與行善，有著密不可分的關係。

助人為快樂之本，而且自己和他人都會更加幸福快樂。助人的威力無窮，但做起來一點也不難，因為快樂會傳染。幫助他人的方式不勝枚

舉，從面帶微笑的早安問候，到公事包或午餐便當上的打氣小紙條；從多完成一些工作，到主動分擔家事；從留紙條謝謝同事的幫忙，到為自己的另一半準備驚喜。

付出是助人的途徑。我相信在這充滿不確定的世界上，人際之間真正管用的往來貨幣是仁慈與寬厚。

我們曾在 2010 年時進行過一項付出的實驗。公司經常會利用一種稱為「破解文化」的方法來促進更健康、合群的職場文化。我們會利用意識工程讓團隊成員一同成長並相互合作。付出的實驗目的就是想知道如果同事之間彼此更感謝對方，關係更加融洽之後，接下來會發生什麼情況。剛好情人節快到了，許多單身的同事對此抱怨連連。所以，我決定開始進行這一項實驗，在情人節的一個禮拜前，我準備了一個帽子讓公司裡每一個人從裡面抽籤，籤條上寫有另一位同事的名字。接下來的那一週，他們要做紙條所寫的那個人的小天使。小天使的任務是接下來的五天，每天都為小主人做一件好事。比方說小天使可以送早安咖啡和牛角麵包、糖果、鮮花、卡片給小主人，或留張感謝卡片……以此類推。等到第五天時公布小天使時，辦公室想必會充滿歡笑和擁抱。這就是我們的「情人週」。

結果我的員工發揮創意，為他們的小主人準備了最出乎意料的驚喜。有人不只親手製作了午餐，還悄悄地擺在小主人的桌上，再擺上精心挑選的手工藝品，和一整桌的鮮花和氣球，有個小天使送上一張機票，直接送小主人去度假！

情人週的驚喜還不只這些。絕大多數的員工票選結果指出他們真的很享受付出的過程，更勝於收到那些禮物。他們愛極了籌備驚喜，讓他們的小主人能天天都有好心情。更有趣的是，要是小天使跟小主人還不

太熟識，他們還會想辦法從其他同事那裡打聽喜好，想辦法發揮創意討小主人開心。

　　實驗結果非常成功，所以我們每年都會舉辦一次情人週。當活動結束之際，辦公室裡到處充滿歡樂氣氛。興許你會這麼想，玩得這麼開心，怎麼還有心思工作？情人週是每年最管用的生產力法寶。蓋洛普公司曾經針對超過一千萬名上班族做過一項調查，那些肯定「我的主管或工作上有人似乎善待我」的人有更高的生產力，對公司的毛利貢獻較多，工作也會做得更長久。

　　付出能有效為生活帶來快樂。稱讚你的同事，一張手寫感謝紙條，或讓出你前方的位置給另一個人排隊，這些看似舉手之勞，卻有助於提升自己的快樂程度。這些小事看似湖中漣漪，或許難以察覺。但聚沙終能成塔，那些不足掛齒的善行將為我們創造更友善、更美麗的世界。所以，**請不要吝於表達善意。**

◆　練習：付出的途徑

第一步：列出你辦得到的付出行為

　　像是時間、友愛、諒解、同情、技能、點子、智慧、力量、物質幫助，還有其他的嗎？

第二步：追根究柢，化虛為實

　　是什麼樣的技能，是會計、技術協助、指導、法律協助、寫作、辦公技能，還是藝術技巧呢？是什麼樣的智慧，是職涯輔導、育兒妙方，或者你的經驗可以幫得上別人，比方說曾戰勝過某種疾病，或不幸成為違法活動的受害者嗎？是哪一種物質幫助，修理物品、協助年長者、烹

餵，還是為盲人讀字？

第三步：想想自己能提供協助的地方

在家裡或整個家族中？工作上？街坊鄰居？你所在的城市？在地企業？靈修團體？當地圖書館？青少年組織？醫院或養護中心？政治機構或非營利組織？還是組織團體或呼籲大眾多關注資源不足的群體？

第四步：聽從直覺

檢視這份清單，標出那些項目讓你突然感到一陣激動。

第五步：採取行動

留意周遭的機緣巧合，去探索更多的可能性。

你也可以在辦公室或職場上舉辦像情人週的活動。

自己快樂，才有能力讓別人快樂

我妻子克莉絲緹娜曾是聯合國難民署的志工。亞洲難民的日子極度悲慘。雖然克莉絲緹娜的工作非常有意義，但每天目睹無數的悲慘遭遇實在令人難熬。用她的話來說，就是「有時候生活上的快樂和幸運反而讓自己感到內疚」。

罪惡感讓她非常難過，直到她和我一起參加我在卡加利市演講的那場活動上，她在達賴喇嘛的演講會中發問：「每天目睹這麼多不幸和悲劇，怎麼可能快樂得起來呢？」

而達賴喇嘛的回答實為一個問題，他淡淡地問：「如果自己不快樂

的話，又能幫助誰呢？」

　　這大概是理解快樂最重要的關鍵之一了。你的身邊可能有許多令人痛苦的事情，你也會感同身受，但幸福紀律能讓你分享快樂。這正是卓越人生的最高境界。

卓越法則七：練習幸福紀律

卓越之人知道快樂來自於內心和當下，他們把快樂當成燃料，
成為他們向自己和這個世界的願景目標前進的助力。

　　我希望這一章節的內容能讓你明白實踐幸福紀律其實很簡單，而且好處極大。實踐自己的快樂並分享出去，它最終會在你的生命中扎根並茁壯生長。

第 8 章
創造未來願景
你的目標是自己想要的？還是社會想要的？

「人啊，為了追求金錢而犧牲健康；接著又為了恢復健康而付出金錢。人總是憂心未來而無法享受當下，結果現在和未來兩頭皆空。人總是拚命去活，最後卻發現自己從未真正活著。」

——詹姆斯・拉查德 (James J. Lachard)

前進的動力

夢想、願景、志向、目標……無論你怎麼稱呼它，這些都是卓越人生的「前進動力」。沒有意義的生命就沒有動力，就好比失去生命跡象的貧瘠之地。

你將在本章中學到如何設定更大膽、更有利的目標好幫助你展開卓越人生之旅。我所遇見的每一位卓越人士都是無所畏懼的夢想勇者。我將分享一種簡單又有趣的系統來幫你設定生活目標，以及追求各種人生夢想。我希望十年後的你，一早醒來不會問自己「我到底做了什麼事情？」而是告訴自己「這一切真是太棒了，接下來呢？」

危險的目標設定

　　普世慣用的目標設定法十分荒謬，我是老早就不再這麼做了。未經正確訓練便草率設定目標實在太危險了。看看現今無數的大學或中學生所學的目標設定法，基本上都是用來追求符合胡扯規則的目標，卻沒有想過要讓人成就卓越人生。遵循胡扯規則所設立的目標以安逸為重，不在乎我們的人生活得有沒有意義。

　　普世目標中最荒謬的就是為了做某一種職業而規劃人生，然而絕大多數人的目標設定都是如此，所以眼光裡只有工作和金錢。

　　禪宗哲學家艾倫・瓦茲有句名言：

> 　　忘掉金錢吧，如果你以為追求金錢是最重要的事情，你的生命終將成為一場空。你會為了謀生而去做自己不喜歡的事情，你將為了自己根本不喜歡的事情而活。這實在太愚蠢了。與其悲慘度日，不如在有限的人生中做自己真正喜歡的事情。

　　太多人追逐著以為會帶來快樂的目標，結果年屆四十好幾才驚覺為何自己的人生連一丁點火花都沒產生過，生活無趣而且停滯不前。怎麼變成這個樣子了？

　　首先，這個社會要求我們選擇職業志向的年齡太小了，許多人甚至還不到合法購買啤酒的年齡就得被迫做出決定了。在我十九歲進入大學之際，我甚至不知道自己真正喜歡什麼就決定以後要做個電腦工程師。這個決定不只讓我日子越來越難過，最後還讓我被微軟公司解雇，最後發現一切都是自找的。現代設定目標的系統（方法）存在一個嚴重瑕

疵：我們的心智早被胡扯規則所占滿，所以搞不清楚「手段」和「最終目標」。

為達最終目標「不擇」手段

你可曾聽過「這是為了達成目的的手段」？這個道理一樣適用於目標。人們時常混淆手段和目標。我們以為大學科系、職業成就和生活水準是目標，但事實上這些都只是為達成目標的手段。我們多年來汲汲營營追求的可能是偽裝成目標的手段。如此一來，手段反而會陷我們於不義。我希望更多人可以及早學會，分辨目標和手段的差異。目標是人生在世，最美好又激勵人心的犒賞；目標可以是體驗愛情、周遊各國享受真正的愜意人生，也可以是做有意義的事情來回報世界，以及純粹出自個人喜好，而去學習一種新的技能。

目標是你內在的靈魂。目標能帶來無比的喜樂，不是因為目標能使人獲得外在的標籤，也沒有社會所賦予的標準或價值。目標不是為了得到回報或任何物質獎賞。它們是為了幫助我們創造這一生最美好的回憶。

我人生最美妙的目標包含了：

- 登上馬來西亞的神山京那巴魯山 (Mount Kinabalu)。在最高點俯瞰雲海，欣賞太陽從婆羅洲的方向緩緩升起。
- 與克莉絲緹娜在挪威斯瓦爾巴度蜜月，一起在極地暴風雪中健行。
- 在一行員工的見證之下完成了心目中的龐克風格辦公室，不僅有漂亮的內部裝潢，也是當時最新潮的辦公室。當我打開新辦公室的大門時，我看見他們臉上露出驚喜的表情。

■ 欣賞小女兒人生的第一支舞。

但我的人生前半段都在追逐手段。所謂手段是這個社會告訴我們，想要得到快樂所需要的事物。過去我寫下的種種目標，實際上都不是目標本身，而是為了目標而需要執行的手段，這些手段包含了：

■ 以優異的 GPA 分數，從高中畢業。
■ 考取頂尖大學。
■ 獲得暑假實習機會。
■ 獲得在德州奧斯丁郡「Trilogy Software」的工作機會。

常見的手段還包含了達成特定收入水平、在工作取得良好的評價和職位晉升，以及與某位特定人士來往。但眼裡只有這些手段的人，生命也就失去焦點了。

我很喜歡作家喬・維泰利 (Joe Vitale) 的一段建議：「一個好的目標會讓人感到有點害怕，但又使人無比興奮。」當人生有了好目標，恐懼和興奮將會是兩種美妙的感受。恐懼未必是壞事，這表示你正在突破自我，是邁向卓越的必經之路。興奮是因為這個目標貼近你的內心，而不是為了討好別人，或遵循社會的胡扯規則所做的事情。

當改變的鬧鐘響起

叫醒我人生的那通電話在 2010 年終於響起，我曾經答應過自己，要是我連續兩週，每天一覺醒來都討厭去上班的話，我就辭職去做點別

的工作。而時機點真的來了。

　　Mindvalley 這間公司是我和合夥人麥克一起創立經營的，麥克是我在密西根大學認識的朋友。為了賺錢，我們一開始把公司拆成好幾個小型電商在經營，曾賣過可以計算部落格文章品質的軟體，甚至也曾經賣出一個網址收藏引擎。

　　麥克和我都很擅長這些項目，但我們之間的友誼早就已經結束了，共事也無法再激起火花了。當 Mindvalley 營運的同時，我也在從事其他的事業，麥克也一樣如此。那時候我有一個目標是要新創一間公司，然後退出 Mindvalley 的經營，那麼我就能在我的創業腰帶上添加一筆新紀錄。而且我幾乎要實現目標了。我創立的第二家公司是在東南亞的一個每日優惠交易網站。公司的生意越來越好，我也剛募得一筆為數不少的創投資金。如果按照傳統的目標清單來看，我應該感到快樂才是：

- 事業快速起飛。
- 籌募資金。
- 受到新聞媒體關注。
- 口袋裡有錢。
- 好看的職稱和令人滿意的獎賞。

　　但是我並不快樂。我覺得工作乏味、孤獨、而且我討厭我所做的事情。當你大部分的朋友都成為事業夥伴或者員工，而你卻不喜歡這份工作時，友誼也會受到傷害。當初創立 Mindvalley 是為了創造現金流，而不是為了實現任何對我有意義的目標，或者貢獻人類福祉。

　　事情是如何發展至此的呢？

我正在改變自己的世界，我有享受到快樂，也擁有足以讓我前進的願景。我變得非常成功又富有。但當我實現創業家的目標後，有些東西卻缺失了。

我不知不覺地掉入了陷阱之中，錯將手段當成目標。我確實成為一名創業家，擁有了事業和銀行存款。我終於做了自己的老闆。但我卻從沒想過超越這些成就之後的最終目標。我心裡真正渴望的到底是什麼？

- 我想去國外旅行，拜訪各地的異國風情。
- 我想和家人一起住在五星級酒店，盡情享受奢華。
- 我想帶孩子們旅行，帶他們經歷獨特的學習機會。
- 我想要結識那些即便來自不同國家，但同樣關注人性價值與做大事的男男女女。
- 我想要見見那些在商業上和個人成長方面的大師級人物，因為他們的經驗才有現在的我。
- 我想要傳授並提筆寫下我的個人成長模式並與這個世界分享。
- 還有，我想要工作的樂趣無窮無盡。

這些是我在 2010 年寫下的目標，真正的目標，而非錯把創業、賺錢和擴大營運等手段當成目標。我真正的目標是想要富有歡樂和意義的人生。

當你的心中立下了明確的願景，許多有趣的事情自然會跟著出現。無論這個願景是手段，或是目標，你的內心都會找出通往願景的道路。這正是我前面所說的：未經訓練就設定目標是非常危險的一件事。因為你最後抵達的地方可能根本不是你真正想要的。但當你學會了真正的目

標和意義，以及按照我接下來的分享去練習，你將更接近自己的內心，了解靈魂深處的渴望。

當我完成自己的目標明細後，我其實毫無頭緒該怎麼做才好。但是人心會受到令人興奮的願景所驅策，產生神奇的力量去做出改變。有時候通往目標的道路會出現在意想不到之處。這正是我所經歷的情況。

對工作已經厭煩，經常覺得孤單且極度渴望意義和冒險，那時的我一定身處前面幾章所提到的人生低谷。也正是因為如此，我得到了一個瘋狂的靈感，創辦一個慶典。

我很喜歡參加那種類似「巔峰系列演講」(Summit Series)，召集志同道合之人進行交際和互相學習的活動。我當時就心想：如何讓這類活動更上一層樓？

之後有一次，我去華盛頓演講，我問台下聽眾有人願意用一週的時間，跟我一起深入探索我的演講概念嗎？雖然我沒有具體活動計畫和日期，但仍有六十位左右的聽眾願意參加。我請他們到另一個房間裡並詢問他們想要體驗那些概念。他們告訴我，大家想多了解我所提出的個人成長模式，而且他們想在如夢似幻的地方，以菁英小組的方式進行有趣的活動。「那一定會很精彩」，其中一個人說。

我回答：「那我們就把這個活動取名為『精彩盛會』吧。」然後我就在地點和日期都還沒確定的狀態下賣出了價值六萬元的門票，活動資金瞬間到位。

接下來的幾個月我開始想辦法落實這場「盛會」。我邀請了好幾位演講貴賓，像是飯店大亨奇普・康利 (Chip Conley)、MBA 教授斯瑞庫瑪・勞歐 (Srikumar Rao)、巔峰系列演講的創辦人埃利奧特・比斯諾 (Elliott Bisnow)，加上一群健身專家和其他貴賓，僅靠我與助理米瑞安

兩人共同的策畫下，終於在哥斯大黎加成功舉辦了一場聚集二百五十人的活動。

後來我們把活動名稱改為「A-Fest」——這就是盛會的由來。現在每年有來自四十幾個國家的人，為了得到一年只舉辦兩次的 A-Fest 門票而搶破頭。我和許多在各種人類表現領域聲量最大的世界級講師及培訓師，會針對不同的主題好比「生物駭客」、「大腦與身體」以及「破解信念」分享我們所學到的最新成果。到了晚上，所有賓客會一起經歷奇異的冒險和派對，讓所有人更加密切接觸，創造難忘的美好回憶。

我們將這個活動帶往世界上最壯觀的地點，從加勒比海島嶼，到歐洲大陸的古堡和世界級文化景點峇里島。我們還加入音樂、藝術等其他元素，打造一個促進人際交流的最佳環境，大家在這裡結識良友、覓得良緣，以及認識商業上的夥伴。我在這些活動中獲得了不可言喻的快樂和未曾想像過的冒險，同時我也藉這些機會，與剛結識的卓越友人分享這些經驗。

A-Fest 的規模越來越大，它很神奇地填滿了我當時生命中的所有匱乏，實現了我所有的目標，我因為舉辦 A-Fest 而新創了一個前所未有的現實模式：

- 友誼。
- 入住超棒的飯店。
- 拜訪世界各地的美景。
- 讓我的孩子們接觸卓越人士，以及無數個學習機會。
- 遇見我景仰的專家和商業傳奇人物。
- 樂趣無窮，這是最棒的！

　　這就是目標最重要的地方，幫助你離開那條毫無生機的道路，讓你遠離處處受限的現實模式、生活系統，以及學校和社會所加諸的胡扯規則。最終的目標會帶你離開平凡的生活，接上另一條去探索卓越人生的軌道。

　　如今我最親近的朋友有 80% 都是結識自 A-Fest 的活動。在我專注最終目標後，A-Fest 只是其中一件事情，我的人生還發生了其他事情。

　　我最終還是把讓我痛苦不已的第二份事業賣掉了。從中獲得的金錢與我所遭受的痛苦，完全無法相比。我還是覺得 Mindvalley 這事業比較貼近我的心意，於是決定把重心移回，我花了數百萬美元買下了合夥人的股份，這當然又使我陷入負債。

　　2011 年我又再次握有自己的公司了。那年我破產了，但我很快樂。這份快樂成為了我前進的燃料，公司在一年之中成長了 69%。從此之後，我不再回頭看了。

　　矯正設定目標的方式讓我擺脫苦悶生活，踏上旅途去尋找人生冒險和意義。我只希望自己能早一點學會最終目標的概念，就不會白白浪費這麼多年的時間，苦心追逐虛有其表的假目標。

　　所以，不要把一種職業當作目標，以免自己陷入枯燥乏味的工作卻毫不自知。也不要把創業當成目標，以免過大的壓力讓你變得無趣。相反地，想一想自己的最終目標，讓職業或所創造的東西帶你實現目標。

　　如何知道自己是否走在正確的道路上呢？這裡有幾個建議可以用來檢查自己正在追逐的是虛有其表的目標，還是真正的最終目標。

手段與目標之間的關鍵差別

分辨的方式真的很簡單,你只需要注意四個特徵。

手段的特徵

一、**手段通常少不了「所以」**:手段無法獨立存在,而是為了到達某一個地方的墊腳石。手段只是過程的一部分,舉例來說:GPA 考得好,所以才能進入好大學。這通常也表示著這一生將由一連串的目標等著你過關斬將,就好像:GPA 考得好,所以才能進入好大學、得到一份好工作、賺很多錢、買得起房子、車子……退休後才能做自己想做的事情。你的目標是不是也少不了「所以」呢?

二、**手段通常是為了達成或遵照胡扯規則**:你所設定的目標是為了達成最終目標,而「必須」去達成的嗎?就好比覺得自己必須取得大學文憑才能獲得一份滿意的工作;或者必須結婚,人生才算擁有愛情嗎?許多手段其實都是由胡扯規則巧妙隱藏其中。你不一定要結婚,或拿到大學文憑。你不一定要創業,也不一定要加入家族企業。你真正想要的是擁有一段美麗的愛情,持續掌握機會去學習和成長,以及享受自由。想要實現最終目標,手段可不只有一種而已。這樣看得出差異了嗎?

什麼是最終的目標?

一、**目標是忠於內心**:當你追逐最終目標時,時間流逝飛快。為了實踐目標,你可能會特別努力,但也會覺得這一切都是值得

的。目標能讓你感覺自己真正活著。當你為了目標勤奮地工作時，便不再覺得這是份「工作」。你可能一口氣接連工作好幾個小時，但這些工作卻能帶給你快樂或意義。此刻的你不需要停下腳步「充電」，因為實踐目標對你來說，即是一種充電──目標不會耗盡你的能量。

二、**目標通常是某種感受**：享受快樂、墜入愛河、感覺被愛和喜悅，都是極好的目標。另一方面，文憑、獎賞、金額龐大的商業交易或者其他成就確實也能帶來正面的感受，不過除非你能享受追逐這些目標的過程，否則那些就不算是最終目標。換句話說，如果用功讀書的過程和完成一筆訂單的過程本身就能讓你感到快樂的話，就是最終目標。

如何避開手段，重拾正確目標？

所有的目標，都可以歸納為三大類。

第一種目標：經驗。我們來到這個世界上不是為了金錢或任何物質，而是為了經歷人生。金錢和物質會製造經驗，而經驗會帶來當下的快樂，這才是我們為何會想要金錢或物質的原因。我們需要對日常生活抱有好奇心和迫不及待的心情，才能延續快樂的感受，驅使我們朝著目標前進。

第二種目標：成長。成長能深化我們的智慧和感激之情。人會主動追尋成長，成長也會自己找上門來。成長讓我們能在人生道路上一直有新發現。

第三種目標：貢獻。這是當我們獲得豐富的經驗和成長之後，進而

能投以回報的事情。付出是我們在這個世界上能留下的獨特痕跡。付出讓我們更接近最高層次的快樂──覺醒。付出讓我們的人生找到意義，因此它也是卓越人生的要素之一。

　　接下來，有三個問題能幫我們避開偽裝成目標的手段。你只需要按照正確的順序回答問題，就能直接來到真正的最終人生目標面前。

人生需要三大問

　　一、你想在這一生中獲得什麼樣的經歷？

　　二、你想要如何成長？

　　三、你想要如何做出貢獻？

　　有發現這三個問題其實與先前學到的十二平衡領域很有關聯嗎？事實上，十二平衡領域都是由這三個問題延伸而來的，各自的搭配如下：

讓我們更仔細地看看這些問題吧。我建議你先看完整個問答過程以及這一章節的內容（因為我在這一章的最後，會分享這項練習的小祕訣）。當你感覺自己準備好了的時候才開始練習。

問題一：你想在這一生中獲得什麼樣的經歷？

這個問題的真正核心如下：

> 如果在不必考慮時間和金錢，也不需要任何人允許的情況
> 下，我靈魂深處真正渴望的經驗是什麼？

接下來我們要用十二平衡領域的前四項，也就是跟經驗有關的項目來回答這個問題：

一、**親密關係**：你心目中理想的親密關係是什麼模樣？讓自己想像這份親密關係的各個面向：你們如何溝通？你們有什麼共通點？會一起做那些活動？你們會如何一起度過一天？又會如何一起度過假期？你們有那些相近的道德觀和倫理信念？你們對狂野又熱情的性愛的定義是什麼？

二、**交友情況**：你想跟朋友一起擁有什麼樣的經驗？你想要一同經歷這些體驗的好朋友是誰？你的理想朋友是什麼樣子？想像你完美的社交生活中裡，有那些人？在哪個地方？談些什麼？做什麼樣的活動？和好朋友一起度過的完美週末會是什麼樣子？

三、**人生冒險**：接下來用幾分鐘，想想自己認為那些人是擁有美妙的人生冒險。他們都做了些什麼？去了那些地方？你對冒險的定義是什麼？你一心想去那裡展開冒險？想做些什麼冒險犯難

的事情？什麼樣的冒險能讓你的靈魂唱出心之歌？

四、生活環境：想像在完美的生活中，你的家是什麼模樣？回到家裡會帶給你什麼樣的感受？描述一下你最喜歡的房間——在這個美妙的空間中，有著什麼樣的東西？想像最接近天堂那般的床是什麼樣子？如果你可以擁有任何種類的車子，你想開什麼樣的車？現在想像一個完美的工作場合：描述一下什麼樣的工作環境，會帶來最佳的工作表現？當你出門在外時，想去嘗試些什麼樣的餐廳和飯店？

問題二：你想要如何成長？

當你觀察孩子們吸收資訊的速度之快，你就能明白學習和成長一直都是我們的天性。在這裡，你可以這樣問自己：

如果我想讓問題一所描述的理想成真，我該如何成長？我該成為什麼樣的人呢？

注意到了沒？這個問題跟前一個問題是密不可分的。現在，讓我們從十二平衡領域的其中四項去想想看：

五、身體健康：描述一下對自己想要有著什麼樣的感受和模樣。五年、十年或二十年之後呢？你想進行什麼樣的飲食和健身方式？若不是因為你認為自己應該這麼做，而是完全出自好奇心和欲望，使你想要學習那些健康或健身方式？有沒有什麼樣的健身目標，單純是為了目標達成後的興奮感（無論是征服某一座山、學習跳踢踏舞，或養成上健身房運動的習慣）？

六、**學習生活**：為了獲得前面列出的經驗，你需要學習什麼？你自己想要學習什麼呢？那些書籍或電影，能拓展你的心智和品味？什麼類型的藝術、音樂或戲劇表演是你想要更了解的？有沒有想要學會的語言？請著眼於最終目標──學習本身即能帶來喜悅，不該只是一種通往目標的手段，例如文憑。記住要選擇那些學習機會。

七、**個人技能**：什麼樣的技能會幫助你在工作上大展身手，而你也樂得精通此項技能？如果你願意轉換職業跑道，有那些技能是必須學會的？有那些技能是你單純為了好玩而想要學習的？掌握那些技能會帶給你快樂和驕傲？如果你能重回到校園依個人喜好學習任何事情，那麼你會想學習些什麼呢？

八、**心靈生活**：在靈修之路上，你已經走到哪裡了？而你又想要走去哪裡？你想要更深入你目前的靈修方式，或嘗試其他的方式嗎？你內心最渴望的靈修方式是什麼？你想要學會做清醒夢、深度冥想，或者學習克服恐懼、焦慮或壓力的方法嗎？

問題三：你想要如何做出貢獻？

這個問題要探討的是所有獨特的經驗和成長會如何助你貢獻給這個世界。貢獻不一定非要做大事，可以是邀請新鄰居來品嚐你的手藝、邀請新進員工外出共享午餐、去療養院彈奏鋼琴、幫助獲救的動物找到新主人，或者在公司發起募捐舊衣的活動。在這裡，請先問自己以下問題：

如果我已經獲得了前面所提到的經驗，也有了顯著的成長，接下來我能如何回饋這個世界呢？

這個問題一樣跟前面兩個問題是密不可分的。想想在這十二平衡領域中，你可以付出些什麼：

九、職涯發展：你對這項職業的願景是什麼？你想要多麼勝任這份職業？為什麼？你想要如何改善職場環境或公司？你想要對這個領域做出何等貢獻？倘若你的職業目前看似尚未對這個世界做出有意義的貢獻，請更仔細看看——是否因為這份工作真的毫無意義，還是只是對你個人來說沒有意義呢？還有什麼職業是你想要嘗試的？

十、創意生活：你樂於從事什麼樣的創意活動？或者想去學習的？從烹飪、唱歌、攝影（這正是我的個人愛好）、畫畫、寫詩，到開發軟體，創意活動可以是任何類型的活動。你想用些什麼方式，向這個世界展現自己的創意？

十一、家庭生活：想像自己和家人待在一起，但不是以「非得這麼做不可」的角度，而是想像和家人團聚時，內心充滿快樂的感覺。你們正在做些什麼？聊些什麼話？你們正在一起累積什麼樣的美好經歷？你們想要表現並傳承什麼樣的價值觀？你想要為這個家庭付出什麼樣獨一無二的的貢獻？你的家人不必來自傳統的家庭觀念，「家庭」可以是你與同居人、同性伴侶，或同為頂客族的另一半所組成；或者你也可以把幾位親近的好友視為家人。不要侷限於社會所定義的家庭。相反地，我們要創造一套全新的現實模式，將那些你真心喜愛且想花時間陪伴的人，納為「自家人」看待。

十二、社區生活：你的社區可以是朋友、鄰居、縣市、國家、宗教社團，或者將這整個世界視為一個社區。你想要如何貢獻給

社區？看看你有那些使自己感到無比雀躍且深深滿足的能
力、想法、個人經驗？你想要給這個世界留下什麼？以我來
說，我想為我的一雙兒女改革教育體制。那你呢？

卓越法則八：開創未來的願景

卓越人士會自己決定願景，從不假手他人，所以他們能掙脫世
人的刻板期望，專注在能帶來真正快樂的最終目標。

在工作、生活和社區應用人生三大問

你可以自己練習或和別人一起練習這三個問題。在美國的學校和非
洲的村莊裡，這三個問題已經用來激發學生的靈感；公司用這些問題凝
聚向心力；更有許多人跟伴侶一起練習彼此分享答案，讓關係更加緊
密。試著在你們過生日或週年紀念日時一起進行這項練習。看著自己和
對方的目標隨著時間而變化是一件多麼有趣的事情啊。

人生三大問與靈魂的藍圖

這三個問題也是 Mindvalley 新進人員的必備練習，新進人員會先
接受意識工程的培訓，之後他們會在一張信紙大小的紙張上，畫下三個
欄位，分別標記為「經驗」、「成長」以及「貢獻」；接著在每一個欄
位寫下自己的願景和志向。這張紙看起來會像下頁圖所示。

這不只是一張紙那麼簡單而已。每一張紙都代表著每一位加入我們
這個大家庭的員工所擁有的夢想、野心和動機。所以我們用了一個很貼

切的名字來稱呼這些紙張：「靈魂的藍圖」。

我們在每層樓都放置了一張佈告欄，將每一位夥伴的靈魂藍圖貼在上面，讓大家能分享彼此的夢想，那裡彷彿散發出一股無可言喻的力量。這也是透明化的極致表現：同事們知道彼此的動力來自何處，管理者也知道能推動團隊成員前進的動力是什麼。我知道每一位員工前進的動力，他們也了解我所注視的方向。

許多成功的故事正是從這一片牆開始的。來自蘇丹的阿米爾在二十二歲加入我們公司時也做了這三個問題。他當時寫下的夢想是成為一名專業演說家並寫下一本書。以他當時的情況而言，這些都是極為膽大妄想的目標。但阿米爾在二十六歲時就已經實現幾乎所有的目標。他完成了一本書：《我的伊斯蘭教》(*My Islam*)，還被《外交政策》雜誌 (*Foreign Policy*) 評選為 2013 年二十五本必讀書籍之一。如今他除了寫作文章和接受諮詢，還會在 Google 公司和哥倫比亞大學等一流的會場進行

演說。

　　我們的團隊裡有一位來自羅馬尼亞的魯米妮塔・薩維克 (Luminita Saviuc)，她在紙上所寫的目標是「成為世界知名作家和演說家」，以及「成為心靈領域的世界級領袖」。她達成這些目標的方式實在饒富趣味。她曾經在個人網站發布一則文章，篇名是〈十五件你放棄後會更快樂的事情〉。過了一年左右之後，這篇文章開始在 Facebook 上被瘋狂轉發，最後獲得了一百二十萬次分享次數。不消幾個月後，她被邀請出版書籍，正式解鎖了她的兩大目標。

　　他們的故事不算罕見。我曾一次又一次目睹人們用最不可思議的方式實現遠大的目標。

　　靈魂藍圖最棒的地方在於，這不僅只是成長和付出的機會，當我們看到了佈告欄上如繁星般的目標，就能看得見別人正在做些什麼，然後說「我也喜歡這個目標！」並把它也加入自己的藍圖中。畢竟夢想不是專屬於任何一人的特權。

　　這面牆也能促使同道中人一起協力去實現目標。瑪麗安娜是一名來自烏克蘭的產品經理，她的夢想是去尼泊爾爬喜馬拉雅山。她先是從那面牆上找到了三位一樣在靈魂藍圖上寫著尼泊爾的同事。於是他們四人請了一個禮拜的假一起去尼泊爾爬聖山。他們互相幫助彼此，也一起完成這一項目標。

　　公開談論自己的夢想和最終目標有助心想事成。但人們不常與他人分享夢想，甚至鮮少認清自己的夢想。三個問題就像一盞燈，照亮了一同身在這個宇宙中的你和我，以及我們身後的神祕宇宙。

　　這裡還可以再教你一個額外小技巧。當你知道了團隊或家庭成員的靈魂藍圖裡有些什麼後，你可以開始練習付出，像是送他們一些簡單的

小禮物或小紙條來幫助他們成長。我自己就從中開發出了一個很好用的工具，我用手機拍下每位員工所寫下的紙張並隨身帶著。然後我依照他們的靈魂藍圖送給他們一本有助實現夢想的書籍當作驚喜。比方說，最近有一位新人寫道她的夢想是學習公開演講，並有一天能登上 TEDx 的演講台。所以我送了她一本《跟 TED 學表達，讓世界記住你》(*Talk Like TED*) 並在這本書的內頁寫下一小段鼓勵她的文字。當你在工作場合這麼做時，你不只表達出關心之情，同時更照亮了他們的人生，讓他們明白有人正在為他們的夢想加油打氣。這是建立信任的好方法。有意義的付出不一定很昂貴，但一定要誠懇至上。

◆ 練習：問問自己這三個問題

一切從簡：每個問題三分鐘，你可以用手機、日記或任何東西來記錄自己的答案。另外，計時器或手錶來計時，確保自己是直覺作答而不會想太多，反而變成胡扯規則的錯誤邏輯思考。

切勿過度思考：相信直覺告訴你的答案。不要想太久，也不要擔心文法是否正確。讓文字隨著思緒湧出筆尖。如果畫圖能有幫助也不妨嘗試看看。這正是時間設定為三分鐘的原因，一方面是為了迫使你停止邏輯思考，另一方面是讓直覺思考能自由表達出你真正的嚮往。等三分鐘結束後，你也可以回過頭再花些時間做分析和分類。不過，還是先從三分鐘的思考時間開始練習。

謹記手段和最終目標的差異：最快的方式是以感受為目標。目標能帶來什麼樣的感覺？比方說，為了體驗某一種感受而立下生活環境的最終目標會像是：「我想要居住的房子要是能讓我每天早上一醒來就感到幸福無比的房子」或「我想要每月至少兩次，和我深愛的朋友或家人外

出享受一頓美味的餐點」。

五個讓你遠離冤枉路的步驟：接下來要介紹的五個步驟，能幫你快速檢查這些目標是否完全符合你真正的渴望。這是由我們 A-Fest 的首席導師米亞‧柯寧設計來讓練習的過程可以變得更加明確：

一、找出一個目標。

二、回答接下來的這個問題，直到找不到更多答案為止：

當我達成目標後，我將能夠 ＿、＿、＿（答案數可增加）。

三、回答接下來的這個問題，直到找不到更多答案為止：

當我達成所有目標後，我將能夠感到 ＿、＿、＿（答案數可增加）。

四、根據你對前面第二、三問題的答案，找出目標背後的核心目標。

五、比較這些核心目標與你的原始目標，並問問自己：

■ 原始目標是達成這些核心目標的唯一（最佳）途徑嗎？

■ 原始目標足以達成核心目標嗎？

■ 我該如何有效實現核心目標？

當利用這五個步驟進行檢查時，你或許會發現你以為的最終目標其實都是手段而已。不過，你也會更了解什麼是最終目標。這個檢查就是為了讓你逃離虛有其表的目標，確保自己所追求的是正確的最終目標。

接下來呢？你可以把這份清單貼在自己看得見的牆上隨時提醒自己。也可以跟別人分享你的目標，這除了可以讓自己獲得更多成長的機會以外也能鼓勵別人。已經有無數的公司也正在做一樣的練習了，你的組織是否也該來試試呢？

一切將開始變得不一樣

這裡有個好消息，那就是你已經走在正確的道路上了。當你樹立了遠大且美妙的最終目標，神奇的事情將會接連發生。你的大腦已經明白了你的所見所聞，現在它也要開始努力幫你找到通往目標的途徑了。賈伯斯曾說過一段充滿智慧的話：

> 你無法預先把現在所發生的點點滴滴都串聯起來，你只有在回顧時才能明白這些點滴是如何串在一起的。所以你現在必須相信，眼前現在發生的事物，將來都會連結在一起。你得去相信，相信直覺也好、命運也好、生命也好、或甚至是輪迴。相信能帶給你繼續追尋本心的勇氣，即使這個本心正帶你走上少有人走過的路，而這正是一切開始不同的時刻。

當你能正確回答這三個至關重要的問題，你便是相信這一路上終將連結在一起。你會開始注意並發現到那些能帶你更接近目標的途徑。科學家或許會稱這是一種叫「腦部網狀刺激系統」的東西。神祕主義者也許稱之為宇宙、上帝、命運、共時現象、吸引力法則。賈伯斯則稱之為「你的直覺、命運、人生、因緣或無論是什麼」。

我稱之為卓越思維。請聰明地利用這項武器。

第四部

成就卓越
活出自己的人生意義

　　我們在第一部學會了觀察世俗常規、周遭的世界並看清其本質。

　　而在第二部分，我們明白了自己得以選擇希望經歷的世界。我們能夠透過意識工程的操作，選擇自己的現實模式和生活系統，從而加速我們的成長和覺醒。

　　接著我們進入了第三部分，去探索我們內在的世界，以及如何在當下的快樂和未來願景中達成平衡；學會了這些方法之後，我們開始能夠「變通現實」。

　　在第四部分，你將開始活出自己最充滿意義的人生。

　　卓越之人不會只滿足於能「生存」。他們有著一股使命感和吸引力去促使改變成真。卓越旅程已經在你面前展開，現在的你也許亟欲摒棄那些世俗常規，用自己所創造的全新模式、想法和生活方式，鼓勵他人追隨你的腳步踏上卓越旅程。這趟旅程從刪除世俗常規開始，然後再次回歸並昇華世俗常規。但這可不是件輕鬆事，我們還需要學會最後兩條卓越法則。

　　我們會在第九章學習到一條卓越法則：成為所向披靡之人。想要改變世界，需要一定程度的魄力和逞能。

　　然後是第十章，我們將找出你的心之嚮往，學習如何知道自己要去改變些「什麼」。你會發現自己並不是孤軍奮戰，內在導引系統將成為你的臂膀。

　　最後是附錄「人生工具箱」，融合此書所分享的生活系統並提出一個每天十五分鐘的練習，可以讓你重溫本書提到的所有重點內容。

第9章
成為所向披靡之人
無所畏懼就不會被阻撓

「試著放下所有你害怕失去的東西。」

——尤達 (Yoda) 大師，《星際大戰三部曲：西斯大帝的復仇》

(*Star Wars, Episode III: Revenge of the Sith*)

成為自己的心靈達人

江湖傳說：靈性追求必須遠離塵囂。換言之，若想修練心靈就得拒絕遠大的目標、野心和財富。

真是一派胡言。我敢說那些推動人類前進的人都是心靈富豪。想要成為卓越之人，你需要貼近的是自己的心，感受它催促你去創造、去改變、去發明，從而去撼動這個世界。

肯恩·威爾伯 (Ken Wilber) 算是當今世上最偉大的哲學家之一。他以〈無我〉(*Egolessness*) 為題寫了一篇很棒的文章：

凡人想像中的聖賢不能算是一個完整的人，因為他必須斷絕七情六慾……我們要聖賢們不受這些情感所影響。而沒了這些人性的「非完整之人」便是我們所認為的「無我」。

但無我不表示要「捨棄人性」，而是要「超越人性」。所以無我不應該是減法而是一種加法，在尋常人性特質上再加上一些超越人性的東西。想想那些偉大的修道者和聖賢，比方說摩西、耶穌以及蓮花生大士(Padmasambhava)，他們都不是膽怯怕事之徒；相反地，他們對改變無所畏懼，無論是在神廟裡搶走別人手中的長鞭，還是征服國家。他們挑戰這個世界的規矩而不只是光說不做。許多心靈聖賢吹響了社會革命的號角，那巨大的聲響至今仍在人們的耳邊縈繞長達千年之久。

他們不會想要逃避人性的物質面、情緒面和心靈面。他們以自我為媒介去撼動這個世界的根基。

肯恩·威爾伯這段寓意深遠的文字化解了我對追求心靈成長的掙扎。我相信修練心靈的方法有百百種，其中一種就是讓自己充滿積極向前和挑戰權威的能量與勇氣，就如同許多推動人類文明的科學家、創業家和傳奇人士一樣。還有什麼能比這更能振奮人心的呢？我們不必在出世或入世之間選邊站，事實上，想要修練成佛或做一名狠角色，有時候最有效的方法就是精通對方所能。

修練成佛或做一名狠角色？

《星際大戰》裡有一幕是尤達大師坐在年僅十來歲的安納金天行者身旁，尤達大師說：「害怕失去是通往黑暗面的捷徑……訓練自己去放下所有你害怕失去的一切。」但安納金似乎很難理解這個道理。他害怕失去他的妻子，以致恐懼成為了他生活的原動力，變成黑武士達斯·維達。這一幕電影場景一度引起網友熱烈爭論：尤達大師怎能期望安納金不恐懼失去所愛之人呢？畢竟這是我們的人性。

　　我認為尤達想要表達的是，要成為名留青史的偉大戰士，你必須跨越自己的恐懼。我們難免對人事物或目標有所依賴，也難免會害怕失去他們，但只有真正的絕地武士才會明白依賴是一種阻礙。少了這份依賴，我們依然可能朝著目標勇往直前，或著魔般地愛上一個人。我們真正畏懼的不是失去他們，而是害怕失去在他們身上所感受到的那一部分自己。因為這時候的我們，是從別人或其他事情上找到這份自我價值和快樂感。

　　去享受愛情和努力實現目標吧。但是請記得你的愛意和滿足感是來自你內心所累積的感受，而不要執著於他人或目標；如此一來，你才會更強大。事實上，當你從內心出發後，你會發現自己更能愛人，也能更輕鬆地去追逐目標。

　　在我們找到自己的目標以前，你得先知道自己的「狠勁」在哪。

　　這個點子是我從四十年之禪所得到的靈感。我在生物回饋儀上看到了心如止水是怎樣的感受，我一開始不知道該怎麼形容那種感受，後來我在 2015 年時，從網路上看到了以下解釋：

> **「所向披靡」(unfuckwithable)：**
> 當你真正處於平靜，並了解內心嚮往的時候，任何人的所作所為都擋不住你，任何負面的事物都傷不了你。

　　聽起來很棒，對吧？

　　問題是，我們該如何實現所向披靡呢？

　　這裡有兩個現實模式可以幫助你進入這個狀態。如此一來，你不只

更明白自己是誰，也能夠有更強大的力量去控制你的心智和感受。

卓越法則九：實現所向披靡

卓越之人證明自己不假他人所言，也不以實現目標來證明自己。卓越之人和自己、和世界和平相處。他們無所畏懼，批評或讚美都動搖不了他們，並以內心快樂和自愛為自己的人生加足能量。

成為所向披靡的第一要素：自給自足式目標

正如我們在第八章討論過的，為了深究最終的目標是什麼，你必須不斷問自己「所以」的問題，直到你得到自己內心真正渴望的那種感覺時，接下來將會發生什麼事情呢？我自己的答案是出現在 2014 年 8 月的一片沙漠中。

當時我正在參加火人節 (Burning Man)，這是內華達州黑石市每年都會舉辦的知名藝術慶典。許多來自世界各地的人們都會來到這裡，一起打造一座沙漠之城。這是一場刺激感官，又富有創造力和獨創性的文化盛宴，人們會建構無數座建築物和藝術裝置，然後隨著活動結束、人潮全數散去後，這座沙漠之城就燃燒化為塵土。2014 年的火人節有超過七萬五千名參加者，許多人參加這個節日是為了獲得深度的心靈體驗。

每年火人節都會在慶典中心位置搭起一座「聖壇」。我參加火人節的那年，他們用木頭搭起一座圓形屋頂的美麗建築物，還在上面刻上花朵和自然的造型。上千人每天都會去聖壇那邊靜思冥想和祈禱。當夜晚

降臨，沙漠的熱氣散去後，陣陣的微風迎面拂來。從我到了這裡後，每天晚上都踩著被沙塵覆蓋的泥土路前往聖壇。我會走到河岸邊，坐在軟軟的沙岸上，跟著幾百位火人*們一起冥想。

聖壇明明只是一棟臨時建築，卻有著一股難以言喻的神奇力量，每一面牆都被火人貼滿了手寫紙條，上面寫著對已逝去或仍在世的親友們的祝福、夢想和緬懷。人類思想和情感的力量在這裡鮮活躍動著。

我去聖壇是為了反思我的目標和人生。某一天晚上，我在冥想時突然有了一個頓悟，從此改變了我選擇最終目標的方式：

一個好的目標，其控制權只會掌握在你自己手上。
任何人事物都奪不走它。

我稱這樣的目標是「自給自足的最終目標」。這裡會用一位叫凡妮莎的虛構人物來說明什麼是自給自足的最終目標。凡妮莎剛嫁給了丹，所以她或許會寫下這樣的目標：

「與丹永浴愛河」

這是真正的目標嗎？看起來好像是，但其實不然。為什麼？因為這個目標能不能達成，絕大部分得取決於他人。要是有天她和丹不再愛著彼此了呢？

對凡妮莎而言，比較好的目標也許是這個：

「永浴愛河」

這個最終目標的美妙之處在於實現與否取決於凡妮莎自己，也就是

---

* 編按：參加火人節的人自稱為「火人」。

凡妮莎得以「自給自足」。如果她和丹之間的婚姻和諧，那麼也算是實現了這個目標。不過即便這段婚姻後來破局了，凡妮莎還是能和下一個伴侶、或者親友、甚至她自己永浴愛河。

像這樣有延展性又不失真正力量的目標其實不難找。而且這類型的目標成功與否，絕對是由我們來掌控的。

以我自己為例，我對愛的目標不是「和克莉絲緹娜相知相惜」或「好好親近我的孩子」，而應該是「讓自己永浴愛河」。

這個目標讓我不再需仰賴別人的愛，或向他們索取愛。我很愛我的妻子和孩子們，但我不能要求他們必須愛我。太過依賴他人才能實現的目標是我失去力量的原因。對每個人來說，也是如此。我們不應該要求別人都得回報我們的愛。

這種觀念也同樣可以應用在親子關係上。「維持親近且有愛的親子關係」聽起來不失為一個適當的目標，但要是孩子們到了一定年紀後，決定要搬出去住，或者不再需要這份親近的關係時，我們該怎麼辦呢？所以我把我的家庭目標，從「好好親近我的孩子」改成了：「盡力做個最棒的老爹」。因為這個目標是取決於我自己，從而鼓勵我持續關注孩子可能有的不同需求。

當這些成為了我的目標後，我心中的領航系統也隨之調整了方向，帶我去探索達成這些目標的機會和情景。我與妻子、孩子們之間的關係出現大幅進展。我不再對他們過度索求，反而使我能以前所未有的角度去珍惜及欣賞我自己。因為現在的我擁有了對自己的愛，我能更加愛護和關心他人，且不再無理地要求他人必須回應我對他們的愛。

後來經過一番思考，我也調整了我對旅行和夢想的目標並修改為：「我想要獲得最精彩美妙的人生體驗。」你看，美妙人生體驗的定義是

取決於我自己。等我九十歲的時候，可能沒辦法像現在一樣身體活動自如，但我依然能夠體驗人生的美好。我可以抱抱自己的曾曾孫兒，或與我妻子好好享受一杯極品威士忌。

基於這個新目標，我決定每年帶家人去度過一個特別的假期，我們要去探索這世界的精采。自那時開始，我們已經探索過了蘇格蘭愛丁堡和紐西蘭的美好。就算哪天我無法外出旅行，或者我決定不再遠行了，和我的女兒一起玩耍或者和我的兒子一起玩樂高也能讓我享受到人生的美好。最近我發現坐在沙發上一邊品嚐著自己發掘到的美味紅酒，一邊吃最美味的巧克力並欣賞《每日秀》(The Daily Show) 節目，也能感到無比快樂，就是這麼簡單。

現在我的第三個自給自足目標是：「活到老學到老」。曾經很長的一段時間，我有很具體的學習目標，像是「每週要讀一本書」。而這樣的目標並沒有錯，但卻成為了一種負擔，白天要管理上百名員工的公司，回家後還要照顧兩個小孩，所剩下的閱讀時間已經不多。我在火人節時突然靈機一動，決定重新校正我的學習目標。

事實上，每週讀一本書對我來說是一種手段，而我真正想要的是增長知識。

當我拓展這個目標後，我開始嘗試其他的學習方式，像是參加同儕智囊團、線上課程和「人才交流」。我曾有機會跟一位學有專精的朋友進行六十分鐘的電話交流，我們將最棒作法的筆記分享給彼此。

當你改變了目標，實現目標的手段也隨之改變。一個好的目標能夠為了找到新的出路而激發出你的創意。

發自內心的目標力量

　　以下是我目前擁有的三個擴充後的最終目標。你能看出來它們有那些共通之處嗎？

- 我想要自己永浴愛河。
- 我想要獲得最精彩美妙的人生體驗。
- 我想要活到老學到老。

　　這些目標完全取決於我自己，沒人能搶得走。這表示失敗也打擊不了我。就算我無家可歸，孤零零的一個人睡在紐約街頭，只要我有發自內心的愛，我仍可以沉浸在愛之中。只要我能找到舊報紙或被人丟掉的舊書，我仍可繼續學習成長。我甚至能繼續體驗人生之美，因為即便我只是在中央公園裡散步也能看見日常生活中的喜悅。

　　當你建立了自給自足的目標並收回你的力量時，沒有什麼能從你的生命中離開。你將擁有愛、學習與成長，以及美妙的人生體驗。接下來的人生將聽你的號令，讓你探索契機，實現過去以為遙不可及的夢想。太多人因為害怕失去而不再追求成長，不過當你做足了這項練習，你會發現沒什麼好失去的。快樂就在你的掌握之中。當你沒有可失去的東西時，你的思緒將掙脫束縛，放膽去實現夢想。

　　想要擁有所向披靡的風範，關鍵之一就是要用勇氣取代恐懼。太多人活著卻老是煩惱別人不夠愛自己、擔心成功之日來得太晚、害怕自己一事無成，或者擔心會失去能令自己快樂的東西。因為胡扯規則會使人本末倒置，所以一旦你丟棄那些胡扯規則，你將能看透手段，從而建立

自給自足的目標，成為無畏無懼的追夢勇者。你不再擔心別人怎麼看你，也不再煩惱什麼東西會被剝奪。如此一來，我們將能更大膽地放肆發揮創意，去實現更遠大的人生夢想。

成為無所畏懼的追夢者不代表要用小目標來滿足自己。相反地，這表示你將不再跟著別人，以為目標是從他們身上獲得什麼。例如我從「三個問題」中找到了遠大的目標。我的目標是建立一所以人性為本的學校，我想建立一個無論是成人或孩童都可以加入的教育平台，讓學員能在這裡學習那些真正能幫助他們邁向卓越人生的事物。我想要建立的教育系統不只是我們現今工業時代的教育。這是一個大目標，而我已經著手努力了很久，不過我的心情是平靜的，因為我的快樂不是來自建立一家能賺數十億的教育公司。當然以賺大錢為目標能帶給我動力，也能讓我心情興奮不已，但是我自己的快樂是來自那三個簡單且操之在我的最終目標。那是任何人事物都搶不走的快樂。

現在我的快樂讓我添足動力，朝著未來願景出發，因為願景（愛、學習和人生經歷）之中的關鍵已經是現在進行式了。這一切都環環相扣。

我相信這就是過去禪宗大師（以及尤達大師）所說的：不要執著於目標。他們的意思不是要你「不要設定目標」。我們一定要有目標，但快樂無須取決於實現目標。現在請開始學會製造達成目標所帶給你的那種快樂感受。當你不再為了感受而去追逐夢想，那份害怕失去的恐懼感便會消失。如此一來，你能盡情地去探索夢想。盡情地去闖一闖，並享受當下的快樂。

知足常樂才能所向披靡

我在第四章曾介紹過知名英國催眠治療師瑪莉莎・皮爾以及她對我所做的治療，她讓我發現孩童時期的不安全感，那次的治療也一直持續影響著我日後如何定義成就及設定目標。

我們的童年多半免不了發生一些情況，或者受到他人的影響而使我們自認自己不夠好。在瑪莉莎最受歡迎的 A-Fest 演講影片中，她把這種自認自己不夠好的心智模式稱之為「有害人心的最大惡疾」。

這種現實模式帶給我們莫大的痛苦，讓我們得耗盡一生去證明自己的清白。但有時候這種痛苦也會是一種資產；比方說，為了證明自己夠好，我決定創業並且要闖出一片天。

但是，這並非最理想的途徑，因為努力去推翻「自己不夠好」的現實認知，其實會帶來一項隱藏成本：你必須仰仗他人的認可來證明自己是夠好的。

當你下班後回到家，可能會期望另一半用某種方式歡迎你回家，如果情況跟你的期望不符，你便會有點失落，甚至覺得自己被拒絕了。

而在工作上，可能會期望自己被老闆或上司誇獎或注意，或者他們聽見你的想法。不然你會覺得自己不被賞識或不被尊重，甚至會覺得你的老闆很討人厭。

又或者你的孩子不常打電話給你，或者兄弟姊妹忘記了你的生日。結果，砰——難受感又入侵了。

剛才提到的這些情境，都可能讓你覺得「自己不夠好」。但更詭異的是，如果你正好擁有這種現實認知，你其實更難以坦然承認它的存在，甚至根本沒察覺到。所以，你反而會把它藏起來，並創造出另一種

現實認知，也就是渴望他人的認可。接著你大腦裡的意義製造機開始過度運轉，你會覺得：

- 我的先生有時候真是個不體貼的笨蛋。
- 我兒子一點都不貼心。
- 我的妹妹一點都不在乎家人，她實在太糟糕了。
- 我的老闆是個不識貨的混帳。

這是最令人洩氣的現實模式了，因為你不斷責怪外在的種種不如意，因此讓這個現實模式輕易地奪走你對人生的掌控能力。你無法控制別人怎麼做，但是你可以控制自己的反應。要成為真正所向披靡之人，我們必須先放下向別人索取認可及關愛，當他們沒有依照你期望的方式回應時，也不要去指責他們。

化零為整的魅力

當我們對某個人的行為妄下定義，或批評那些不符自己期望的人，都可能是因為他們提醒了我們過去的傷痕，所以我們向他人尋求認可、關愛或讚賞，希望能藉此撫平「覺得自己不夠好」的感受；相反地，要是我們認為受到批評、指責或粗魯對待，便會覺得受傷。

但請記得，我們能夠填補自己內心的傷痕。

而且神奇的是，當你不仰仗他人的力量，而是靠著自己的力量修補缺口時，反而更有機會獲得自己想要的人際關係。

那些深愛自己、洋溢正面能量並照亮他人和這個世界的人才，是最

耀眼魅力人。

從此免疫於他人的行為和評價

當你覺得受傷，或者開始過度解讀旁人的行為或言語時，其實是你心底有一道坎等著被撫平。

我們無法控制別人如何對待自己，但可以控制自己的反應，以及內心的意義製造機對他人行為的解讀。而這個關鍵就在於我們要戰勝亟欲證明自己的欲望，以及杜絕自己因為缺乏關愛或認可就認為自己不夠好。

回想起來有趣的是，這種感受曾讓我在青少年時期過得非常苦悶，以致現在一想起來仍歷歷在目。1990 年那年我十四歲，當時 Vanilla Ice 的歌曲《冰冰寶貝》(Ice Ice Baby) 在流行歌曲排行榜的人氣居高不下。我愛死那首歌了，我跟其他瘋流行的同學一樣努力去背下每一句歌詞。

有一天下課後，我看到那群班上同學都想要加入的小團體，就坐在一起哼唱著《冰冰寶貝》。他們反戴著棒球帽，一邊彈著手指一邊唱歌，完全就是九十年代最酷的模樣。

當他們唱到某一個段落時，我知道機會來了，為了證明自己也不差，我立刻開口大聲唱出下一段歌詞，還擺出我最酷的表情。

但是我卻唱錯歌詞了。他們全都停了下來盯著我看，驚訝得說不出話來。我竟敢唱錯 Vanilla Ice 的神曲？這簡直是一種褻瀆行為。其中一位大家都希望獲得她認可的女孩說：「天啊，真是有夠蠢的。」

我的頭低到不能再低了。我絕望地離開現場。我覺得自己很失敗。沒有獲得他們的認可讓我痛苦不已。

二十五年後的我依然記得當下的感受。當時為了融入團體，我非常

努力背歌詞，現在想來真是不可思議。尤其是我還默背了 Vanilla Ice 整張專輯的歌詞，這個當年對我打擊如此重大的事件在現在看來卻太不合理了。（有趣的是，我到現在仍對《冰冰寶貝》的歌詞倒背如流。我再也不會搞砸這首歌了。）

當你回頭檢視過往的回憶，無論帶給你痛苦或快樂的感受，你會發現內心的意義製造機正快速地運轉著。別人的一言一行正以某種方式影響著你，你也正在對他們製造意義。

堅強的內在素質需要你能免疫於他人的言行舉止。每當你為他人的讚賞而感到得意時，別人也能用負面的話語傷害你。因此，接納他人的讚賞和批評都是一種表達現實模式的方式。而他們的現實模式與你沒有關係。

我們生而完整；即便沒有他人的認可，依舊無損我們的美好。而接下來有一些工具和練習可以幫助我們更上一層樓。

◆ 練習：成為自己的超人

以下有三種練習方法，是我從好幾位卓越人士身上學到的，這些方法可以讓你更愛自己、欣賞自己的美好並保護自己遠離恐懼和焦慮。

方法一：從鏡中愛自己

矽谷創業家兼投資人凱莫・萊維肯特 (Kamal Ravikant) 在我的意識工程培訓課程中與我分享了這個方法。

凱莫曾經歷過一次嚴重的疾病和憂鬱症。他發現自己不滿足的根源是來自缺乏對自己的愛。他也在自己的書《愛你自己如生命之所繫》(*Love Yourself like Your Life Depends on It*) 中，分享這一段故事。

　　凱莫所提倡的作法是看著鏡中的自己並且說「我愛你」。和鏡子裡的自己說話就像是跟自己的靈魂對話——特別是當你直視著自己的雙眼時。有注意過當你一直盯著對方的眼睛看時的那種不自在感覺嗎？那是因為眼神的交流正在拉近人與人之間的距離，以及表達關愛之情。

　　讓我們從凝視一隻眼睛開始。當你看著同一邊的眼睛，並重複對著自己說「我愛你」。只要你感覺是對的，時間長短或聲音大小都無所謂。

　　凱莫的建議是每天練習，我認為應該要定期練習，就像去健身房運動一樣。你可以在早上刷牙時融入這個方法，當你放下牙刷後，靠近看看鏡子裡的自己，並開始跟自己練習。

　　我敢保證這個方法一定有效。自從凱莫跟我分享了這個方法之後，僅一個禮拜就讓我感受到內在有一股明顯的力量，讓我更愛自己，也更有安全感，我發現自己與他人的相處方式，已經不同往日了。

方法二：感謝並欣賞自己

　　第四章曾有一個「愛上自己」的練習，這個練習除了是意義製造機的關機鍵以外，也能幫助我們擺脫童年灌輸我們自認不足的負面想法。

　　先簡單地想一想，你喜歡自己那些地方。是幽默感？或者對書籍的品味？打賞上一位服務生一大筆小費？還是你要求自己每天都有所成長，或者是銀行裡有一大筆現金存款？又或者你就算身在低谷仍能樂天知命？你可以找出喜歡自己的任何地方，大小都無妨。不過，若你發現自己的意義製造機老是超時運轉時，一定要讓自己每天找出三至五項讓自己引以為傲的事情。

　　這是我每天一早醒來就會做的練習。向每一天所發生的事情，以及生命中的美好表達感恩之心吧，最重要的是別忘了向自己說聲謝謝，因

為你的所作所為，讓生活變得如此美妙不已。練習結束之後，觀察看看這一天有什麼不一樣了。

方法三：練習撫平突然到訪的恐懼和焦慮

每當焦慮感突然襲來，我們或許都需要一種迅速的方法讓自己恢復。

2015 年 11 月的某個週日是我們的定期家庭日。我們剛過完萬聖節，正準備和妻子、小孩結束為期兩週的旅行。這段期間我們還去了一趟佛羅里達州的奧蘭多環球影城，順道參加了在哥斯大黎加舉辦的 A-Fest，以及拜訪洛杉磯市和鳳凰城的友人。回到家的感覺很棒，但當我跟家人們坐在附近的餐廳時，我突然感覺有些不太對勁。

我突然感覺到心臟格外加速跳動。接著是一股腦的痛苦襲上心頭，有一些恐懼感，和一些焦慮感。離家兩個禮拜是有代價的。回到工作上，我必須做個執行長，管理一家正在成長中的公司，然而我卻覺得壓力很大。電子郵箱裡有四百封以上的信件等著我一一回覆。我的新書草稿——也就是這本書的交稿時間只剩兩個禮拜了。此外，家裡還有一個需要幫忙餵食的八歲小孩和一個還躺在嬰兒車裡的小娃娃。我覺得很不開心，而且壓力沉重，感覺肩膀上好像突然扛著千斤重擔。

突然我想起作家朋友桑妮雅・喬凱特 (Sonia Choquette) 的話：

活在當下。

然後我開始不去注意那些恐懼和擔憂，轉而去注視餐桌上那盆植栽的葉子。我看見了葉片上微微隆起的葉脈，以及灑在葉面上的陽光。我伸出手指去感受那株植物的紋理和柔韌的觸感。過不了一分鐘，我的心

湖就平靜無波了。這就是關注當下的威力。活在當下能讓你的心思遠離周遭環境所帶給你的壓力、恐懼、批判、憤怒，以及挫敗，讓你想起真正的自己並享受當下的氛圍。

如果下次感覺自己快要爆炸，或者覺得遭受非議、被人欺負，或者被所愛之人傷害時，記得好好看一看現在。這個簡單的心理小技巧可以迅速校正我們的心理狀態，將你從壓力和焦慮的泥沼中拉出來，回到到當下的快樂裡頭。

雅莉安娜・赫芬頓也有分享一個非常有效的小祕訣。作法很簡單，只要當你感到緊張、慌亂或無法集中注意力時，請用十秒鐘的時間，注意自己的一呼一吸。雅莉安娜說：

> 這樣能讓你全神注意當下。古希臘神話裡，阿麗雅德妮將一捆細繩交給忒修斯並幫助他殺死牛頭怪之後，從迷宮中全身而退。我的救命繩就是注意呼吸。每次當我感到壓力大或焦慮，或者當我遭受非議的時候，靠著注意呼吸回到當下是一份不可思議的禮物，而且每個人都可以得到這份禮物。因為人只要活著，就一定需要呼吸啊。

所向披靡的矛與盾

瑪莉莎・皮爾演講活動的拍攝工作剛結束，我們的攝影師大哥艾爾・艾柏拉姆對「自己夠好」的觀念有一些疑問，於是他向瑪莉莎提出了一個問題：

如果真的是「自己夠好」，如果我們不需要得到別人的認同或讚許，那麼是什麼力量讓我們想要做一番大事呢？我們該怎麼做，才不會成為整天坐在沙發上，啥事也不想要做，只想要享受當下的那種人呢？

瑪莉莎的回答是：

如果你一整天只坐在沙發上，什麼事情都不想做，這便說明了你覺得自己不夠好。因為你很害怕，你害怕失敗，害怕被拒絕。你害怕做了那些事情，成為你不夠好的證據。所以你選擇什麼都不做。

瑪莉莎繼續說：

當你相信自己夠好的時候，採取行動的時機便會來到。你會走出去，試試看新的事物。你會去應徵自己真正想要從事的工作，會去要求升職加薪。因為你認為自己很好。而萬一你失敗了，也不會怪罪自己，因為問題不在於自己，你本來就很棒了，所以可能是方法或方式錯了，或是技巧不夠，接下來只是要去改善那些方法和技巧，並且讓自己再試一回。

我發現這是一項絕妙的悖論：當我們知道自己是足夠的，我們所獲的勇氣，足以讓我們發揮全力，去做得更多更好。當我們學會成為自己的超人，讓我們不敢跨步向前邁進的恐懼消失了。我們將邁開步伐，去

追逐更遠大的夢想和目標。

我們擁有自給自足的目標，就算失敗了也依然樂觀看待，因為我們真正追求的是發自內心的感受，比方說想要沉浸愛河、享受豐富的人生，或者是活到老學到老。

當我們學會填平心中的坑洞，我們就再也不需要依賴外界的認同，無須藉由他人來證明自己是足夠的。於是，你會將目光放得更遠，去追尋更有意義的人生；這將帶來一條嶄新的道路，讓你踏上卓越人生之旅。如今的你帶著不屈不撓的勇氣，去實現更偉大的目標——發揮創意去影響這個世俗世界。

當你已經所向披靡，所有的小問題都失去了意義。我們不在意某天那個誰已讀不回；無論是油價上漲，或愛唱反調的同事，都亂不了你的心情。因為你有更要緊的事情要操心。

多數人的煩惱來自於看得不夠遠

雞毛蒜皮的小事和他人的行為舉止、惡意和好勝心，都阻止不了你。我們沒有時間去談論、指責、煽動他人的不是，也沒時間暗算、霸凌、造謠、陷害，這些都是浪費時間的行為，只有無聊又不快樂的人才會這樣過生活。

當我們成為所向披靡的人，人生將不止於此。相反地，你會想著更大的事情——想要解決問題、想改變世界，也想幫助別人進步。你的目標是為了解決真正的問題。或者也可把這些目標稱作「人生任務」，我們會在下一章來討論這些目標。

第 10 章

活出專屬你的意義人生
學習打造屬於自己的意義

「再渺小的人也能改變未來。」

——托爾金 (J. R. R. Tolkien)，《魔戒》(*The Lord of the Rings*)

到目前為止你的改變階段

這本書的每一部和每一章節，都是為了幫助你能在各方面都有所成長。而每一次成長，都能讓你進入下一個階段，從而增進你對這個世界的認知以及影響力。

第一階段：身處的世俗世界

當你完成了本書的第一部分後，你發現到世俗常規是如何支配我們。你也知道種種文化規則，甚至可以追溯到千年以前的文化規則仍深刻地影響著今天的你和我。你還學到了什麼是胡扯規則，以及該如何認出並擺脫它們。

在第一階段身處世俗世界時，我們仍受到周遭的控制及影響。此時的人生是你無法左右的。但透過這本書，你慢慢認出了胡扯規則和它們的影響力，於是你進入了第二階段。

這四個階段的成長，看起來會像下圖：

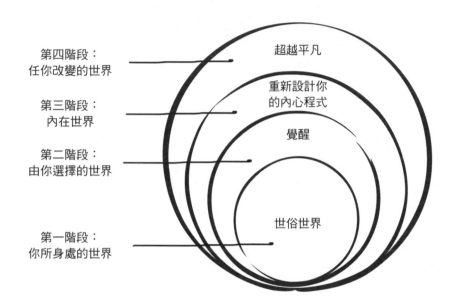

第四階段：
任你改變的世界

第三階段：
內在世界

第二階段：
由你選擇的世界

第一階段：
你所身處的世界

超越平凡

重新設計你
的內心程式

覺醒

世俗世界

第二階段：覺醒

　　第二階段也是本書的第二部。在這裡，你知道自己可以選擇或創造自己想要生活的世界。此時的人生是由你選擇的。於是，你開始練習意識工程的技巧。你學到了現實模式和生活系統是影響人生模樣的兩大要素。你懂得汰舊換新，卸下過時的現實模式，再裝上能帶來力量的現實模式。你發現自己能創造一種濾網，篩除不好的，只讓最有力量的規則能進入到你的世界中。從這個過程中，你開始明白自己能做得更多，也能思考得更長遠，快樂也能由自己掌握。經由這些體悟，你進入了第三階段。

第三階段：重新設計你的內心程式

在這個階段，我們接通了自己的內在世界，並學會享受當下的快樂；再加上未來的願景成為了一股力量，讓自己能加速朝目標前進。你自然而然便能找到夢想和抱負，並發現自己可以藉由改變內在世界，去影響這個世俗世界，於是你這台內在動力引擎被發動了。我們稱這個狀態為「變通現實」。此時的你，覺得處處見生機，並進入了第四階段。

第四階段：超越平凡

在這個階段，我們的能力和優點能帶來安全感和自信心。此時的你是所向披靡的。同時，你正付諸行動去改變世界，也幫助其他人成長和升級。你知道自己有更遠大的目標，於是你決定成為能帶來正面影響的角色。你感受到一股使命感，鼓勵你讓這個世界變得更美好。此時的人生，是透過你而展開的。

隨著我們不斷地升級，自己與人生之間的關係也改變了：

一開始的時候，人生是你無法左右的。

然後，你能夠選擇人生。

接下來，人生將從你出發。

再接下來，人生是透過你而展開。

真正的你將在第四階段鮮活起來。你擁有更高的使命感，而這種使命感正是我們所說的「人生的任務」。

人生的升級過程

　　正如電玩遊戲的角色或古老傳說中的英雄，這趟旅程已經開始，你將不斷學習並磨練必殺技，以及收集重要的知識。

　　但是，只有這樣仍不足以成為英雄。在每個亙古流傳的偉大傳說中，英雄必須身負重任才能算得上是一名好漢。這正是這一章節的目標，找出你的人生任務。

　　別誤會，你可以選擇留在第三階段，做一個有所成就的人。但隨著你越來越熟練地去改變自己人生，並見識了全新的生活方式所賦予你的力量，你會漸漸習慣這種美妙的生活，或許你會開始思考這份力量是否能發揮更大的影響力。

　　第四階段，人生的任務所等待的，正是那些擁有好奇心又期待冒險的靈魂。

卓越之人的共同之處

　　在我這本書所分享的故事中，是什麼讓那些男男女女再接再厲，心甘情願去拚搏、去冒險呢？這是因為他們擁有真正遠大的目標，使他們跨越工作和生活上的傳統規則和限制。他們的內心都有著一股積極的熱情。他們將這份正面力量放在他們渴望實現的任務上。雅莉安娜・赫芬頓正在經營她的媒體王國，同時也努力實現幫助他人過有意義且健康的人生的使命。「XPrize 基金會」的創辦人彼得・戴曼迪斯提供圓夢基金來鼓勵人們解決這個世界的問題。狄恩・卡門想要把科學和技術優先帶給孩子們，培養他們成為能夠改變世界的科學家。伊隆・馬斯克的目

標是讓人類得以穿梭宇宙。

我自己的體會是卓越之人從事的不是職業，而是一種使命。

我們該如何定義「使命感」？很簡單：使命感讓你想要為人類有所貢獻。我們會想留給子孫更美好的世界，但那不一定是創立偉大的事業，或研發足以顛覆世界的技術。使命感可以是寫一本書、培育傑出的孩子；它也可以是找到一間想要改變這個世界的公司，你認同這間公司的理念，所以甘願和他們一起努力。

當你有了這份使命感，工作便不再只是工作了，你甚至不在乎薪水有多少。工作成為了你的熱情泉源，讓人生富有意義。我曾見過有人問理查・布蘭森是如何維持工作與生活之間的平衡。布蘭森回答，「工作？生活？都是同一件事情。我都稱它為『活著』。」當工作成為了使命，你對工作所抱持的老舊觀念便消失了。

耶魯大學組織行為學副教授艾美・瑞茲內斯基 (Amy Wrzesniewski) 發現一種分類系統能幫助我們區別自己對工作的定位，從而增加自己對工作的滿意度。

她用三種方式來定義工作：

一、工作是為了能支付帳單。為你而言，工作是一種手段，所以你絲毫不在意。

二、工作帶來成長和成就。對你而言，工作是一把梯子，能讓你爬得更高。

三、工作是人生很重要的一部分，能帶來意義，從而成為你的使命。

　　一般來說，把工作視為使命的人，會更滿意自己所做的事情。

那正是我所說的使命感。

Mindvalley 是我的使命。我們的使命是要觸及十億人，傳播概念去

啟發更多的人，從而改變人們生活、工作和照顧身心的方式。我透過Mindvalley 邀請其他人利用個人成長和學習去追求卓越——這便是我的個人價值觀。教育能傳遞知識、豐富和力量給他人，我認為這是一種表達關愛的方式，既迷人又美妙。這項使命讓我的工作更具意義，也帶給我快樂。即便在草創初期只是一間位於紐約市小小公寓的小小辦公室，我坐在裡面打著電腦也很快樂，因為我正在實現自己的願景——讓更多人認識靜思冥想。顯然我現在的生活已經大不相同了。不過，物質報酬是有限的，擁有使命並努力實現才能帶來無窮的回報。

大破之後的美麗果實

　　想要找到使命，首先要先找到最終目標。當你利用第八章的三個問題，寫下了經驗、成長和貢獻這三個項目的目標後，你已經準備好迎接神奇的事情了。你也許還不知道到達終點的確切路線，甚至不確定哪裡才是終點。但人心一旦選定了終點，天時地利人和也是常有的事。有些人稱這是幸運，而我卻不這麼認為。我相信幸運是自己能掌握的。當你追逐正確的最終目標，並讓自己享受當下的快樂，幸運便會向你招手。

　　事實上，我們常常找不到人生的任務，但是它們會找上你。

　　前往終點的路途也許不是一條平坦的道路。你可能得先去挑戰、去拆除（你自己甚至是別人身上）根深蒂固的胡扯規則、現實模式和生活系統。這一路上也許跌跌撞撞。

　　然而，這都是過程。路上的坎坷通常是為了讓你轉彎，才能朝著終點前進。重新設計的人生程式不能保證一帆風順。但有時候，破壞是為了迎接更美好的人生。

　　而信任，才能讓你安然度過。有一次，我拿之前問過伊隆・馬斯克的問題去問雅莉安娜・赫芬頓：「妳是怎麼辦到的？我的意思是，如果把妳放進果汁機裡，攪拌後過濾出妳的本質，妳覺得那會是怎樣的本質呢？」

　　雅莉安娜回答：

　　　我想應該是信任吧，我非常相信人生。雖然我可能記得不太正確，但我最喜歡的一句話是：「把人生過得像彷彿一切都為我們量身打造」。我深信我生命中大大小小的事情，包含了最嚴重的那次心碎、最難過的那次失望，都是為了讓我再一次進化和成長。我總是這麼認為的，但我現在更加相信了。我能清楚看見每次發生不幸時，藏在背後的好事也跟著來臨了。

「見性」與「開悟」

　　我的朋友麥可・伯納・貝克維 (Michael Bernard Beckwith) 博士在洛杉磯創立了「愛修園國際靈修中心」(Agape International Spiritual Center)，他說人生的成長途徑共有兩種：**見性** (kensho) 與 **開悟** (satori)。見性是指從痛苦中成長；開悟則是透過覺醒而成長。

　　見性是一種循序漸進的過程，獲得成長前通常會經歷一段苦澀的日子。雖然失去一段關係，但我們能從中學到教訓，內心也更加堅強。雖然創業失敗了，但我們會運用好不容易得來的智慧，幫自己重新開始。雖然工作沒了，但你更了解自己了。雖然生病了，但你發現自己無意間存了一筆錢。見性是宇宙對你的一份炙熱關愛。

當我們經歷了某些痛苦或困頓後，這些經驗能讓你學會不一樣的感受和思維，並改變做人處事的方式。你甚至不會注意到自己已經有所不同。想像地球板塊變動的過程，我們雖然看不見，但隨著時間的推移，板塊變動已經改變了這個世界的樣貌。

屆時我們回想起來，甚至可能會將那些痛苦的經歷，看作一股正面力量，鼓勵我們去挑戰那些雖然當時還沒意識到，但不斷侷限自己的信念和系統。這也就是我們常說的：「因禍得福」。貝克維博士認為，見性是靈魂在呼喚我們成長。

以我來說，見性是當我薪水被砍半而必須開拓副業；也是我失去美國簽證後搬回馬來西亞從零開始；甚至是 2008 年 Mindvalley 瀕臨破產之際卻反而讓我找到一種新的現實認知，讓公司營收得以成長 400%。

另一方面，貝克維博士對開悟的定義是突然發生且永遠影響你的頓悟。開悟隨時隨地都可能發生，無論你身在大自然之中、聽著音樂或欣

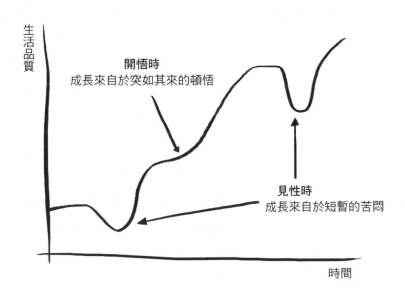

賞藝術品、跟心愛的人手牽著手、安靜地沉思，或者正處於個人成長的情況當中，好比說正在與治療師、導師或療術師見面。一旦你開悟了，你原先害怕或阻礙你的東西瞬即化作塵埃。進入下一個階段的你，人生從此展開新的一頁。如果將個人成長繪製成一條與時並進的智慧曲線，那麼開悟的曲線會像是突然上揚的曲線，而見性則是先出現些微的下跌，然後當你從中學到新的教訓後，這個曲線便會立刻往上走。

你看，當你用另一種現實模式來理解人生中的不順遂時，所謂的不順遂，也許只是宇宙在我們的成長過程中溫和地在我們的耳邊說：「嘿，你走錯路了。換個角度試看看吧。」

貝克維博士曾與我分享一段很有智慧的話：

> 每一次不順遂，都是為了提出一個問題。
> 每一次不順遂，都是為了揭露一個答案。
> 每一個答案，都是為了做出一個行動。
> 而每一次採取行動，將會誕生一個新的生命。

這個誕生的新生命便是我們的使命感。這份使命感將對這個世界和周圍的人事物產生何等影響，又有誰能說得準呢？

萬中選一的你

是你選擇使命，還是使命找上了你呢？有一種現實模式認為當宇宙呼喚你的時候，你所要做的就是傾聽。

我的朋友艾蜜莉‧弗萊徹 (Emily Fletcher) 是名曾在哈佛商學院和

Google 公司演講過的冥想導師，她曾在一次訪談中分享了一個關於傳奇巨星麥可・傑克森 (Michael Jackson) 和宇宙之間的故事（她所說的「大自然」就是指「宇宙」）：

> 如果你曾看過麥可的紀錄片《麥可傑克森未來的未來演唱會電影》(Michael Jackson's This Is It)，影片中經紀人說麥可以前老是凌晨四、五點時打電話給他，跟他說，「螢火蟲。我們需要螢火蟲。」然後經紀人就會回答他，「麥可，現在才四點。我們白天再說吧。」麥可一定會說，「不，我要你現在就寫下來。現在就起床，寫下來。螢火蟲。」經紀人問他為什麼？麥可說，「如果我們不快點，就會被王子 *(Prince) 搶先了。」
>
> 麥可知道要是自己不採取行動、要是他不去創造，那麼大自然便會去找其他人。這就像是大自然會不斷地去尋找創造的機會，找出那些醒著的人。大自然會找到那些願意伸出雙手，將創意化虛為實的人。我不覺得是大自然非選擇誰不可，反而比較像是「好吧，你不做沒關係。我找其他人做便是了。」這也正是為什麼當我們創造得越多，大自然也會更加支持我們。我們可以把大自然想成是公司的執行長，而我們所有人都是他的員工。如果你是執行長，你會替那些員工加薪呢？會把重要工作交付給那些員工呢？你會選擇什麼事情都沒做完，還是富有執行力，而且每天都想出各種創意點子的員工呢？

---

* 編按：此處指另一位西洋樂壇傳奇歌手 Prince Rogers Nelson，藝名 Prince。

艾蜜莉的意思是，當使命需要被實現的時候，宇宙（或者是她口中的大自然）可能會來敲一敲你的大門，期盼你能心有靈犀地迎接它。但做或不做仍然取決於你自己。如果你不做，那麼宇宙就會去找下一位候選人。宇宙不在乎改變世界的人是誰，它只在乎有人能抓住並實踐這個念頭。

在《創造力》(*Big Magic*) 這本書中，伊莉莎白・吉兒伯特 (Elizabeth Gilbert) 也提到她曾突然得到一份靈感，想要創造一本非常特別的書，不過後來發生了一些事情，以至於注意力暫時無法放在寫作上面。後來她發現市面上出現了一模一樣類型的書本，而且也是那位作家因靈感而創作的。

吉兒伯特寫道，「我相信靈感會盡最大的努力幫助你，但要是你還沒準備好或者沒空，那麼它也許會選擇離開你，嘗試與其他的人類合作看看。」

吉兒伯特將這個現象命名為「重複獨立發現」：

　　……就像靈感在兩邊押寶，像人聽收音機時轉來轉去，也像我們在電視前又想看這個節目又想看那個節目。靈感可以劈腿，可以想幹嘛就幹嘛，可以自己開心就好。靈感不需要對任何人解釋任何事情。（在我看來，靈感沒有不理人，我們就應該開香檳慶祝，感激涕零了；還想要求人家做事情要給理由，我只能說「你有事嗎？」）

如果說這種現實認知是真的，宇宙確實會呼喚我們。那麼，你最好如實照辦了！

如果宇宙呼喚你，選擇你去實現嶄新的設計，姑且不論是哪一種類型的創造，你就好像是傳奇故事、電影或電玩遊戲裡的英雄角色，成為了被選擇委以重任的主角。是不是很有意思？

萬物微粒理論 (Godicle Theory)

當你進入了第四階段，幾個獨特又美麗的嶄新現實認知將會出現。我從這本書裡所訪問過的人身上發現到以下共通的模式，而這些獨特的生活方式彼此之間環環相扣著：

■ 卓越之人覺得自己與所有生命格外貼近和親密。
■ 卓越之人能透過這份連結而獲得靈感。
■ 卓越之人讓直覺帶領他們向目標靠攏。
■ 當卓越之人努力實現使命時，宇宙也會賜予他們好運。

這種幸運之神站在自己這一方的感覺，加深了他們與所有生命之間的連結和親密，而形成了一種環環相扣的良性循環。當你試著與這個世界分享福氣時，幸運或有福氣的感覺能讓自己感覺更貼近這個世界。那就像右頁這個圖案的樣子。

綜合這些生活方式，我稱這一種現實模式是「萬物微粒理論」。這個理論的概念是：如果有神、宇宙或生命力的存在（無論我們用什麼稱呼它），我相信它與所有生命和人類緊緊相連。

如果真是這樣，那麼所有人類，或許都是由這個「神」所創造出的「微粒」。

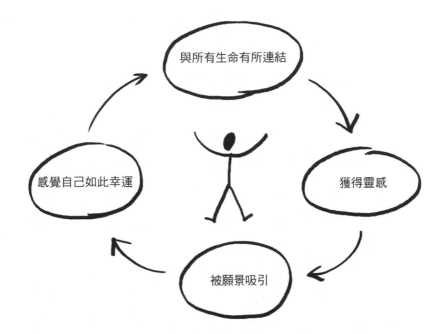

　　無論你選擇把這個概念理解為「我們是神的超自然本質」，還是「我們是宇宙的一粒塵埃」，萬物微粒理論是能帶來力量的現實模式。還記得現實認知不一定要被科學認證嗎？你可以把它當作一種能賦予你能量的哲學認知。

　　萬物微粒理論其實有四個有趣的隱喻：

　　其一，世間萬物相互相依，我們都是一體的。

　　其二，如果我們彼此連結為一體，那麼便能從這個連結網獲得靈感。

　　其三，有一種更高層級的集體思維，是為了追求更美好的整體，也為了召集其他微粒來助我們一臂之力。而這些微粒將一起完塑這使命感，也就是他們的「任務」。

　　最後一點，如果我們是神所創造出的微粒，我想我們應該都有與生俱來的天賦，這是多麼棒的思維。

或許正是因為如此，所以當我們努力達成任務時，變通現實的能力似乎都會無師自通。

當然，這一切都只是理論。雖然這是我內心的現實模式，但這也是來自於我對那些卓越人士的觀察。他們內建著這些思維，你也是。接下來你只需要跨越那些世俗常規，繼續踏上卓越之旅即可。

讓我們來看看萬物微粒理論如何在我們的第四階段中運作。

一、可以感受到和萬物生命的連結

此時你覺得自己與這世界有深厚的連結。所有的人類，包含這個世界上的所有文化、國家和人們都像是你的家人。肯恩・威爾伯認為這種現象是一種「以世界為中心的意識」。更簡單來說，在第四階段時，人們開始看透那些造成彼此分裂的胡扯規則，同時能理解不同文化、宗教和國家其實都是殊途同歸。我們都是住在這顆星球上的地球人，差別只是大家的思維角度會不同。當你進入了第四階段，你會熱愛自己的國家、欣賞自己的信仰，並從一樣的角度去敬畏和欣賞有別於你的文化、國家和宗教。有趣的是，那些處於第四階段的人幾乎都是人文主義者，他們沒有信奉任何宗教但非常尊崇和欣賞所有的人類。

認識此刻自己的心態是非常重要的。歷史上有許多人有著崇高的使命卻反而挑起戰爭，或者提倡有害人類的思維。他們誤認為某一種思維或團體比其他人更優越，而這完全就是與人類連結背道而馳，真正的連結不分國界、膚色或想法。真正卓越之人會將所有人類視為一體，並發自內心投以尊重。

二、信手拈來都是靈感

在這個階段，你的直覺特別強烈，好像有導航在帶你找援手和機會。你或許會早上一醒來，腦中便開始浮現各種神奇靈感，這些靈感似乎正在指引你機會和想法。

貝克維博士認為使命不是由此刻的我們所創造的，而是透過我們而出現的。我很認同，也相信直覺是一種為使命而存在的管道。這正是為什麼幸福紀律如此重要，快樂正是直覺的燃料。當你背負壓力或恐懼時，直覺便難以接近你。

直覺可以幫你在設定最終目標時，不會本末倒置的執著於先找出手段才去決定目標。當你知道自己想要達成什麼，也知道為什麼自己想要這麼做，你便能選擇手段，接著就讓靈感教你該怎麼做。

三、願景會拉著你往前

此刻你的目標接上了更遠大的使命，使命能為我們提供前進的動力。少了使命，工作只是工作；有了使命，工作不再是負擔。許多為了使命而奮鬥的人們都認為他們的工作不再只是工作，工作不再扼殺生活，反而是在增添生活品質。

傳統的目標已不足以激勵你。相反地，為了造福這個世界，你會受到更遠大的願景吸引。貝克維博士分享了他自己對於「有目的的生活」的見解：

這是一種更高層次的生活方式。你不放棄達成目標，也不放棄完成任務……這些你都有，不過你不讓自己被它們控制。

當你以目標為生活方向時，你需要動力來推著你往前。不過，
當你懷有目的地活著，願景便會拉你一把。

這個階段的你，每天醒來都會對接下來要從事的事情感到興奮不
已。可能是你的工作，又或者是做志工服務或即將起飛的事業。無論是
什麼，呼喚你去做事的使命感如此強烈，不斷驅使著你，就好像是屁股
底下燃起了一把火讓你靜不下來。以前的目標需要動力才能使我們移動
腳步，所以我們總是用盡各種激勵人心的工具來幫助自己付出努力。然
而，需要動力去強迫你前進的目標都是胡扯規則或手段。真正的最終目
標會拉著你往前，你不再「需要被鼓勵」。

四、好運會一路相隨

所有的巧合、共時性和運氣，此刻似乎都在合力推著你前進。於
是，我們對這個世界和人生抱有熱情，以及積極正面的看法。

當我們追求與使命不符的目標時常常會遇見許多障礙物。但你可以
把這些路障想成是見性發生的時刻，像是有人輕輕地拿下了你的眼罩，
好讓你看見前方是不是你真正想要去的地方。

「失敗」通常只不過是「好運」的偽裝，目的是讓你摧毀老舊的方
式，從而造就更棒的自己。當你終於步入正軌並朝著人生要你前往的方
向走去後，你也能成為如電影中的天選之人一般開始發現自己擁有無窮
潛力，各方人馬也會前來助你一臂之力。有人會說這是時勢造英雄，不
過現在的你就會知道，這是你自己有把握住機會，順著人生目標的牽引
前進。

卓越法則十：達成人生任務

卓越之人會受到使命感的驅使，鼓勵他們去積極改變這個世界。這股動力使他們向前邁進，獲得人生的意義，以及付出有意義的貢獻。

請先破除兩大胡扯規則後再往前

在找到使命之前，一定要記住世俗常規當中，有兩個潛在胡扯規則可能會成為路障。

一號胡扯規則：卓越之人都是創業家

當我去演講時，特別是講給大學生聽的時候，常常很驚訝地發現很多人認為自己一定要創業才能得到有意義的人生。「不，你不一定要創業也能實現使命，」每當我說出這句話時，彷彿可以感受到他們鬆了一口氣。這幾年總有個胡扯規則在謠傳卓越之人都是創業家，而員工只不過是他們的墊腳石，才不是。以前我會鼓勵大家要創業，但當我發現自己公司裡面那些最優秀的同事以前都是創業家之後，我開始質疑這一條胡扯規則了。有時候他們選擇放棄當員工，是因為他們為了謀生而創業，後來才發現不對勁——沒有使命感。有些人創業是為了做教育，後來發現加入更大、更成熟的組織反而能使他們獲得更強大的動力，所以他們選擇加入我們。

世界上許多最重要的人士都不是創業家。他們是優秀的科學家、工

程師和改革者，他們進入大型、營運良好且有使命的組織裡擔任員工，從那裡去改變這個世界。

創業是手段，而非最終目標。最終目標通常是指有目的的人生，並能從自由和金錢獲得人生經歷。而現在的世界，只要進入對的公司就可以獲得這些東西。卓越人士為了實現使命會採取什麼行動才是他們的重點。所以與其想著自己一定要創業才能實現使命，不如將使命視為最終目標，讓它為你指路。以使命為出發點，接著看看自己是否該創業、加入既有團隊、資助一間公司，還是要為了某一人工作。不必陷入「當老闆還是做員工」的思維。重點在於，創業本身不是一種目標，而是擁有正確最終目標的副產物。

二號胡扯規則：職業迷思

接下來聊聊你的職業。你真的選擇了對的職業嗎？人們追求職業常常只是為了錢或職稱，於是長期下來，你的快樂可能危在旦夕了。任何人都可能陷入這種職涯迷思，原因可能是他們在大學時就是主修特定科目、聽從父母的命令，或者依照世俗常規去選擇所謂「適當」的職業，卻不是因為這份工作對自己有所意義。所以過了幾年或幾十年後，這份工作已經掏空了你的內心，你才來責怪自己。

職業選擇當然有很多身不由己，正如我當時接下電話銷售的工作只為了餬口飯吃。如果這和你的情況不謀而合，那麼在工作以外的時間，一定要去做一些實現使命的事情。以我為例，當時我的副業是推廣冥想，因為我覺得這能給我帶來無法從工作裡得到的意義。

不過，進入公司上班也要留意，找到符合你的使命的公司當然很好。但你仍須注意一件事：這是一間推動人類進步，還是止步不前的公

司呢？

　　學會區分這兩種公司才能讓我們在職場上永保快樂。我對「社會有益公司」和「社會有害公司」的定義是這樣子的。

　　「社會有害公司」是只為了營利而存在的公司。營利沒有對錯，但要是這間公司無法增加這個世界的價值，甚至販售的產品會傷害這個世界，比如販售垃圾食物或從事非環保活動，我們便更難對這個公司的願景感到熱血沸騰。

　　另一種社會有害公司是為了滿足人造的需求，也就是銷售非真正需要，甚至可能有害健康的產品。然而，那些公司卻以行銷的手法，洗腦這些是幸福或快樂的必需品。你一定知道我指的是那些廣告。

　　反之，「社會有益公司」能引領人類進步，例如那些會關注再生能源、促進飲食和生活，或研發新的方式去提升及改善人類生活的公司。這些才是我們理應支持或創立的公司類型。

　　當然你也可以進入傳統行業，像是航空業、保險業、電力業等領域。這些公司也會擁有足以激勵你我的使命。以西南航空公司 (Southwest Airlines) 為例，這間公司是傳統行業，但他們利用徹底改變服務旅客的方式來提升飛行體驗，對世界也一樣有所貢獻。

　　無論你的使命是創業、加入公司、用工作以外的時間實現使命、用創業點亮這個世界，或專心養育美麗的孩子，也都請記得拯救世界不必非你不可，但至少別留爛攤子給下一代。

找到自己的人生任務

　　我們該從哪裡找出使命呢？

　　我的一個朋友馬丁・露特 (Martin Rutte) 的建議是，問問自己接下來的三個問題就能幫你快速找到自己的使命。我已經給很多人測試過這個方法，也很訝異發現他們很快就找到自己想要去探索的目標或使命。

　　第一個問題是：回想看看，什麼事情會讓你有置身天堂的感覺？

　　第二個問題是：想像你有一支可以變出人間天堂的魔法棒，你會變出什麼樣的人間天堂呢？

　　最後一個問題是：在接下來的二十四小時內，你願意做出那些簡單又具體的行動，讓人間成為天堂呢？

　　當你問自己這些問題的時候，心裡有蹦出那些字眼嗎？或者腦海浮現了什麼樣的畫面。你可以把自己的想法寫下、畫下或者錄音下來。

　　當你回答這些問題時，也要留意自己的情緒。（別忘了：真正的最終目標是感受。）是否感覺自己放開心胸或心跳加速？腸胃有沒有出現不一樣的感覺？呼吸加快，還是變深了？是否因為興奮，而呼吸變淺了？觀察看看，這些都是能幫助你找出使命的線索。如同賈伯斯曾說過的，勇敢追隨你的心和直覺。它們總會莫名其妙知道你真正想要成為的是什麼。其餘的，都只是次要。

送給與眾不同的你

　　你或許會在某年某月決定去冒險。你知道成功絕非僥倖，那些好像中頭獎一樣一夕成功的故事都不是真的。

　　我曾與矽谷最有影響力人士之一彼得・戴曼迪斯聊過天，我問這位朋友是什麼東西把凡人變成卓越之人。戴曼迪斯是奇點大學 (Singularity University) 及 XPrize 基金會創辦人，被譽為世界上最重要的領導人之

一。他的合作對象包括 Google 公司創辦人拉里‧佩奇 (Larry Page) 和伊隆‧馬斯克（同時也擔任 XPrize 基金會的董事之一），所以我問他，是什麼讓這些人包括他自己如此成功。彼得的回答是：

　　我可以告訴你，是不屈不撓。因為內心能感覺到一股驅策自己的熱情，當你想要解決這個世界的某個問題的時候，早上一起床就會想起這個問題，到了晚上也睡不著覺。這些問題可能是看不慣，或是不公不義的事情，所以想要改變這個世界。我知道很多時候，想做越大膽的事情越是不容易，除非你能找到熱情，這份熱情如同北極星能指引方向。大部分的失敗絕不是因為他們遇到太困難的事情，而是因為選擇放棄了。

　　成功得來不易，但只要保有熱情，繼續堅持下去，你便獲得了成功的優勢。這也是為什麼你需要找到真正的使命，它才能能點燃你內心和靈魂深處的熱情。

　　彼得還告訴我：「如果非要說我有什麼超能力，那一定是堅持。我用十年的時間才讓 XPrize 基金會步入正軌。」

　　伊隆‧馬斯克也曾對我說過類似的話：「我非常能忍耐痛苦。」

　　如果你回想我的故事，你也會注意到類似的模式。我的失敗及不幸和我的成功故事一樣驚人。我所做過的工作，不少都是為了養家餬口。直到這幾年突然成功以前，我的職業生涯實在是貧乏得可以。

　　這裡我寫下了自己在不同人生階段時曾從事的不同行業。你會發現我以前的工作也很平凡，好幾次都在人生低谷中進出。我相望這份清單可以鼓勵到你，如果你剛好正處於低谷，想一下或許這只是你一次「見

性」的時刻。

- 十八歲──電視廣告演員
- 十九歲──舞台劇演員
- 十九歲──洗碗工
- 十九歲──舞台工作人員
- 二十歲──網頁設計師
- 二十一歲──劇團指導員
- 二十一歲──Java 軟體工程師
- 二十一歲──攝影記者
- 二十二歲──在 Microsoft 擔任程式漏洞測試員
- 二十三歲──在一家非營利機構擔任副總
- 二十四歲──無業遊民
- 二十五歲──企業對企業銷售員
- 二十五歲──再次成為無業遊民
- 二十五歲──電話銷售員
- 二十六歲──銷售經理
- 二十七歲──冥想導師
- 二十八歲──創辦一個小型網站
- 二十九歲──成立一間小公司
- 三十五歲──成為 Mindvalley 的執行長

雖然這是一場長期抗戰，但我不曾停下腳步。所以，要堅持下去，但也要確保自己能夠撐得住一路上的跌跌撞撞，所以一定要找到能不斷

拉著你往前的使命。

　　在我們分道揚鑣之前，我希望你看見了前方等著你去探索的美麗旅程。也許你和我一樣，從小就被問「長大後想做什麼？」這正是胡扯規則的常見迷思。我相信未來我們會問孩子們「你這一生想留給這個世界什麼樣的正面記號？」

　　你現在也可以問自己這個問題，而且這個問題永遠不嫌晚。

　　這麼做會有什麼負面影響嗎？人們可能會說你瘋了。他們會擔心你，想要說服你放棄。

　　不過，也會有人來幫忙你。有人會用青春和熱情來陪你，一起追逐使命感是一件再迷人不過的事情了。他們擁有真正的目標，能帶來意義以及享受當下的快樂。散發這種活力的人們就像一塊磁鐵，因為他們過著有意義的生活，也幫助別人活得有意義。當你住進了卓越人生的領域後，你也會吸引想要搬進來住的人。接下來，你們會協力為接下來想搬進來住的卓越之人，創造更美好的世界。

真正的偉大不是工作上的成就，
而是當你起身去追尋人生的任務。

帶著信念邁開步伐

　　我想在最後分享拿破崙・希爾 (Napoleon Hill) 寫在《思考致富》(*Think and Grow Rich*) 的一些智慧建議。拿破崙・希爾說，如果你不確定要做些什麼，只要踏出一步就好，就像小嬰兒踏出一小步那樣。當宇宙召喚你的時候，即便你對通往成功的路徑毫無頭緒也無妨，踏出一小

步就對了。

　　一小步接著一小步，這些足跡會開始顯示出你如何來到現在的位置，而且你已經收到了繼續前進的命令了。或許你還不知道前往終點的最理想路線，但你已經朝著目的地前進了。你可能踏進未知之地，不過你還是會銜命前進。

　　而在這一路上，會遇上許多事情。你會收到一些反饋，並踏出下一步。倘若走錯路了，別擔心。此時，見性或靈感會在後面推你一把，所以你又走了一步，也許會讓你遇見幫得上忙的人，或者找到以前沒發現到的資源。

　　當你在摸索時，不妨一小步又一小步地前進。我的第一小步就是成立一家名叫 Mindvalley 的公司。我拿到了一張紙，上面寫著我擁有了一間「有限責任公司」。除此之外，我什麼都沒有。自從這間公司有了名字之後，我開始勾勒它的願景。這一小步的力量，能遠遠超過想像。它們會向宇宙透露你的意圖：「我聽到了你的意圖。來吧，親愛的！告訴我你需要做些什麼，我來讓它成真。」

　　所以，如果你不知道該如何實現目標，請不要擔心。只要每次踏出一小步就好。

　　一、跨出世俗枷鎖。

　　二、丟掉胡扯規則。

　　三、帶上意識工程的工具箱。

　　四、披上帶給你力量的現實認知。

　　五、別忘了選擇對你有益的生活系統。

　　六、堅定相信自己能變通現實。

　　七、讓幸福紀律伴你左右。

八、緊握著你的最終目標。

九、成為所向披靡之人。

十、打開門，堅定地朝人生的目標前進。

世界已經迫不及待要看你接下來會完成什麼了。

人生工具箱
將此書變成一項有利的個人工具

「東西方的心靈探索疆界正在消失，東方的真理不再專屬於東方世界，西方的科學真諦也不只限於西方世界。一切都只是為了人類意識和更多的可能狀態而做的努力。我的目標……是要鼓勵你們去為自己探索，不必理會那些為了啟發孤陋寡聞之人所提出的諸多老舊價值觀。」

——山姆‧哈里斯 (Sam Harris)，《覺醒》(*Waking Up*)

「卓越」可以很有方法

　　超越是跨越物質世界去擁抱未知領域的一種行為。書中介紹過許多諸如感恩和原諒之類的超越方法。接下來，我們將更深入探討並融會成日常生活習慣。

　　常常有人會問我，「維申，你平常是如何把這些觀念融入生活的？你平常是怎麼做的呢？」於是，我要用這一章節，分享我給自己設計並使用的超越方法，也就是「六階心法」，作用在於將數個重要觀念濃縮為只需要花十五到二十分鐘就能完成的一種日常練習。用六階心法來進行冥想的效果也會比單純冥想好非常多。

　　六階心法有非常穩健的科學和個人研究基礎，不只能帶給你快樂、減輕壓力，更能促進健康，並在實現人生任務的一路上助你一臂之力。許多慣於傳統冥想方式的人也發現這個方法還能大幅改善他們在工作和

生活上的表現。另外也有不少知名企業家和專業運動隊利用六階心法來做心理訓練。甚至六階心法會是很多不喜歡或已經厭倦冥想的人的另一種好選擇，而且他們通常都能在六階心法中取得很好的成效。

這個練習將有助於：

- 將幸福紀律變成一種日常生活，讓你一整天都浸浴在快樂之中。
- 專注於最終目標，以及能帶你實現目標的步驟。
- 消弭焦慮及學會原諒，從而使自己所向披靡。
- 聽見靈感和內心的聲音、避開胡扯規則的阻礙、找出抵達任務終點的最佳途徑。六階心法有助於促進靈光乍現。
- 更有韌性，即便遭遇無法避開的阻礙時也能勇往直前。

好處還不止這些，冥想能帶來的成效一樣可在六階心法中獲得，光是我所知道的就有一千四百篇左右的研究強調靜心冥想的好處，這邊就不再贅述了。

只用冥想不好嗎？

冥想的作法成千上萬，不過大致可以歸類成兩大類：一是由僧侶慣用方式而衍生出的冥想法，二是為現代人設計出的方法。

所有的冥想方式都能有益身心。不過僧侶的冥想法多半仍受制於古老的教條且數百年來都未曾改變，對不是僧侶的你來說應該會覺得效果太緩慢。

艾蜜莉・弗萊徹 (Emily Fletcher) 在紐約市創辦了一所名叫「Ziva」

的靜心學院,她認為人們對靜心的最大誤解就是以為靜心是停止思考。
只要不要思考就好,很難辦到對吧?雖然人們會試著不去思考,但這通
常只是「靜心冥想的啟程與終點」。她說:

> 如果我們能換種思維去思考冥想的目的,冥想是為了讓生
> 活更美好,而不是讓自己更擅長冥想;而且我們必須明白一項
> 事實,那便是沒有人可以命令自己的心思不去運轉。如此一
> 來,冥想才能更加單純無害,也更能讓我們享受這其中的奧
> 妙。要命令你的大腦不許思考就好像命令心臟不准跳動一
> 樣——白費力氣。

「六階心法」匯集了多種冥想方法的精華,可以依照個人活動、需
求和生活來調整,來獲得優化後的冥想體驗。這個作法是基於科學基
礎,幫助你結合本書的每一種概念,實現每天十五分鐘的冥想練習。而
且它不會要求你去除雜念。

迎向卓越的六階心法

六階心法是能幫你加速成就卓越的推進器。每一階段都會鞏固你的
六大核心之一。前三個階段是有助於享受即刻的快樂,後三個階段是幫
助你眺望遠方的願景。

一、同理心
二、感恩　　　　　｝　**即刻快樂**
三、原諒

四、未來夢想
五、完美的一天　　｝　**未來願景**
六、祝福

之所以要鞏固這六大核心是因為：

一、**同理心**：我相信愛和同理心，是所有人生活中不可或缺的東西。這個階段是幫助你更加寬以待人待己。同理心能讓你更加愛護自己。

二、**感恩**：或許我們有著許多目標，但最重要的是要對目前所取得的成就心存感激。感恩與幸福快樂有著密不可分的關係。

三、**原諒**：待人處事常保平常心是最有效的幸福紀律之一，我們也能因此讓自己更加所向披靡。

四、**未來夢想**：願景帶給你充沛的力量，推動你向目標邁進，心想事成之日也就不遠了。

五、**完美的一天**：這個階段是為了教你如何控制每一天的生活，進而將未來夢想化為實際行動。

六、**祝福**：人需要被支持的感覺，這種感覺能讓我們放心，無論接下來要做的是什麼都會沒問題。這個階段是為了對自己的任務感到更加安心且有所依靠。

我們會先一一看過每一個階段，熟悉它們的樣貌後再教你每一個階段該怎麼做。

第一階：同理心

　　這個階段正如我們在第十章所說過的要與他人感同身受，並寬容對待所有的生命。你可以先從家人和朋友開始擴大你對周遭人事物的同理心和愛惜，然後將這份感受拓展直到將所有人都納入這個同理圈。感同身受讓你成為更美好的人。部分研究發現具有同理心或待人親切和善往往更具異性魅力。

第二階：感恩

　　科學證據顯示，感恩能使人增加活力、減緩焦慮、幫助睡眠，以及拉近人際關係。在這個階段，你只需要回想三件生活上值得感恩的事情、三件職場上值得感恩的事情，以及三件感謝自己的事情。最後的那三件事情很重要，因為我們往往想要別人愛自己，卻忘了好好愛惜自己。

第三階：原諒

　　正如我在第七章分享的，原諒是實踐幸福紀律的關鍵，亦有利於身處卓越人生的巔峰狀態。接下來，你將在日常生活中，實踐那一章所做的原諒練習。

　　科學研究指出，原諒能對健康帶來深遠的影響，包含了減輕背痛、增進運動表現、促進心臟健康，以及使人倍感幸福快樂。一份針對少數慢性背痛患者的研究顯示，利用冥想將憤怒轉換為同情能有效減緩背痛和焦慮，療效更勝於一般醫療方式。另一項研究則發現，原諒能改善血壓，並降低心臟負荷。有趣的是，擺脫負面心態還真能給心臟帶來好處。

　　來自鹿特丹伊拉斯姆斯大學 (Rotterdam Erasmus University) 管理學

院的鄭學 (Xue Zheng) 在其研究中發現，原諒似乎能讓身體變得更強壯。他提到：「我們的研究發現，原諒能使人少一些憂愁，也能使人在參與較耗費體力的活動時，表現得較為傑出。」

有一項研究讓受測者事先列出過去曾經傷害他們的人，之後寫下原諒那些人的所作所為，結果那些受測者在測跳高時真的能跳得更高。鄭學還有一項研究是讓受測者寫下自己曾經原諒他人的經驗，接著要他們猜測斜坡的陡峭程度，受測人認定的斜坡陡峭度比實際坡度還平緩。我在前面的章節也曾分享過自己利用冥想來練習原諒，而且效果還非常顯著。所以，有益身心健康強壯的原諒當然是六大核心之一。

第四階：未來夢想

到此刻為止，我們一直關注眼前；接下來要放眼未來的美好。我能在事業上取得如此大幅的進步和喜悅，都要歸功於這個階段。幾年前的我，已經看見了現在的生活樣貌。現在的我，看得見未來的人生，同時沉浸在即刻的快樂之中。每天進行這個階段的冥想總能幫我找出實現夢想的最理想路線。

當我想像未來的生活時，我會將時間往後推三年，這也是我要給你們的建議。無論你想像三年後是什麼模樣，請再加上一倍。因為我們的大腦會低估自己的能耐。我們往往低估自己這三年的能耐，又高估了自己一年之內能辦得到的事情。

有人些認為心靈提升是為了對目前的生活感到知足。一派胡言。我們無論對過去、現在或未來，都應該要心滿意足，而這樣的心態不該阻礙我們繼續追夢、成長和付出。

這個階段也能回應到第八章的三個至關重要的問題。你可以從裡面

選出一個最終目標，用幾分鐘的時間想像一下，當你實現這個目標後生活會是多麼快樂。

第五階：完美的一天

　　現在你已經知道三年後的生活樣貌，接下來該怎麼做才能讓夢想成真呢？這個階段要讓你想像完美的今天，讓你看見這一天會從何開始：早上醒來，你精神抖擻；到了公司，你和優秀的同事一起開一場有效率的會議。你覺得自己能想到許多點子，報告的時候也表現得可圈可點。下班後，你和朋友見面，和另一半共進一頓美味的晚餐，然後睡前陪孩子玩耍。

　　當你看見自己展開了完美的一天，你的腦部網狀刺激系統 (RAS) 會被啟動，你會注意到那些積極正面的人事物。這個網狀激活系統是大腦的一部分，能幫助你提高注意力。舉例來說，你買了一台白色的特斯拉 Model S 新車，突然間你開始留意到街上好像多了很多同款電動車。同理可推，假設你想像今天的午餐會議進行得很順利——激發出很棒的點子，餐點很美味，用餐氣氛也很棒。就算服務生搞錯了你的餐點。因為你已經經歷過了一場完美的想像，你的腦部網狀刺激系統會要你更留意當下的用餐氛圍、一起餐敘的對象和美味的食物，更多於被搞錯的餐點。這正是因為你已經告訴腦部網狀刺激系統，這頓餐敘的模樣了。知道關鍵在哪了嗎？你正在訓練大腦忽視負面的事情，同時接收正面的訊號。我們不必改變這個世界，你只需要改變自己的注意力，而且能帶來更大的不同。

第六階：祝福

　　無論你有無宗教或信仰都可以做這一階段的練習。倘若你相信更崇高的力量，想像自己擁有這份力量，感受那份崇高的力量從大腦流入直達腳底，感覺自己被愛與支持包圍。利用三十秒的時間召喚這股力量。倘若你不相信更崇高的力量，你可以想像成重新開始或是調整頻率，去呼喚內心的力量。你一樣可以想像這份能量流通全身。現在你已經準備好，全力奔向你的目的地了。

破除冥想三大迷思，六階心法的更多好處

　　如果冥想能帶來這麼多好處，為什麼只有約二千萬美國人會每天冥想呢？我在自己的 Facebook 網頁上向我的七萬多名追蹤者提出這個疑問，其中大部分的人都有回答我的問題。結果我發現那些沒有每天冥想的人都對冥想抱有以下三種老舊現實認知中的至少一種，接下來讓我們一起看看是那些現實認知，以及我們該如何進行改寫。

一、我沒時間

　　我稱這個叫「忙碌悖論」，就好像是在說「我餓到沒辦法吃東西」一樣的邏輯不通。有冥想習慣的人，比方說雅莉安娜・赫芬頓、未來主義者雷・庫茲威爾 (Ray Kurzweil) 和我本人都知道只要一天冥想十五分鐘，能為自己的生產力帶來莫大的正面影響。更別提其他的好處，像是延壽、增進創造力和解決問題的能力，以及冥想能使人擁有更快樂的一天。如果我有一天沒有冥想，工作做來就是無法如往常那樣有效率和生

產力。然而，許多人就信這一套，他們不是因為沒有十五分鐘的時間，真正的原因是他們不知道冥想的方法和步驟。六階心法像是一劑強心針，讓你的一天不只有二十四小時，因為你能發揮更高的生產力和效率。所以省下冥想的時間其實一點也不划算。

二、我沒辦法做對

冥想不是慢跑，可以看自己從 A 點到 B 點花了多少時間來評估有沒有跑正確。冥想時，你或許會覺得自己思緒煩躁，也可能會睡著、覺得無聊，或者只想等著時間結束，所以你才會認為冥想沒有效果。但是你會有這些反應，只是因為你沒有做對冥想的步驟。六階心法就是來幫你在這十五分鐘內，不只不會感到無趣，更能帶給你具體要達成的里程碑。如此一來，冥想將帶給你全新的體驗。

三、我的心就是靜不下來

華人有句成語叫心猿意馬，意思是心念就像猴子亂跳、馬在亂奔跑一樣控制不住，說得真好。別以為冥想就是去除雜念，這是對冥想的最惡質迷思之一。當然，幾百年前的修道士要找一個山洞躲起來去除雜念並不難，他們既沒有工作要忙，也不必照顧家人和孩子，不必回訊息，當然也不會收到 Facebook 的提醒訊息。現在的世界已經大不相同，冥想的作法也需要與時俱進。所以我並不鼓勵那些必須從「去除雜念」開始的作法。六階心法能打開你的心門，甚至用來解決問題。如果你剛好在工作上或私人方面有急迫需處理的問題，也可以把問題帶入冥想中促進思緒，從而把問題變成答案。

許多極為忙碌的創業家和過動症患者以前都無法每天冥想，但現在

他們都能利用六階心法進行冥想，並用它來解決常見的冥想困難之處。

創立並賣出全球最大喜劇俱樂部的英國企業家約翰‧戴維 (John Davy)，在我們第一次見面時他說：

> 我剛開始做六階心法冥想時，大概連續做了有一百天。後來我覺得沒什麼不一樣的感覺，所以就沒做了。過不了幾個禮拜，我的朋友突然告訴我，「約翰，你怎麼了嗎？最近你的脾氣又暴躁了起來，而且容易緊張。」我這才意識到自己的情緒。之前我持續用六階段方式進行冥想時整個人都不一樣了。後來我暫停冥想後，壓力和脾氣都一一回到我的身上了。我的朋友還以為我忘了吃藥。現在我又重拾六階段作法，而且這一次我不會再中途暫停了，因為它實在太神奇了。

你準備好要開始了嗎？

六階心法的冥想法練習

六階心法冥想沒有固定作法，只要你們依照以下幾個大原則做就好：

什麼時候做？：一般來說，最方便的時間是早上或晚上睡覺前。有些人則選擇在辦公室裡做。重點在於找到不會被別人打擾的十至二十分鐘即可。我自己喜歡在早上冥想，因為這麼做能讓我精神飽滿地去迎接一整天的挑戰。不過，如果你認為晚上的效果更好，你當然可以在晚上冥想，想像自己睡了一個好覺，隔天接著迎來完美的一天。

姿勢？：你想怎麼坐都行，沒有特定要求。

維持專注力及保持清醒：很多人冥想時會胡思亂想，甚至昏昏欲睡。當我們做六階心法冥想時，大腦只要跟平常一樣正常運作就行了。你不必去除雜念，即使胡思亂想也沒關係，只要先忽略那些思緒就好，之後說不定這些思緒還會派得上用場。想一想有什麼讓你興奮不已的目標？很好！把它留到第四階段的「未來夢想」。想到工作上還有會議要開嗎？把這個留給第五階段的「完美的一天」。有沒有讓你擔心的事情？就讓你注入「祝福」的力量吧。

傳統的冥想方式讓許多人昏昏欲睡，因為那實在太無聊了。六階心法冥想不太可能會讓你睡著，因為你的大腦會不斷地運轉。

．　．　．

我會在這一部分詳細說明每一個階段的作法。如果這是你首次進行六階心法冥想的話可以慢慢來。第一天只要做完第一階段的冥想即可。接著，第二天再加上第二階段冥想，以此類推至第六天就可以完成整套的六階心法冥想了。

第一階：同理心

想像一位你深愛之人的樣子或笑容正在照亮你的內心。對我來說，那個人是我的女兒伊芙。當我寫作這本書時，她只有兩歲大。伊芙的笑容是我用一生也要找出來的答案。所以我開始在腦海裡想像她的模樣，以及她的笑顏。

當你想像深愛之人的模樣，無論是你的伴侶、父母、孩子、閨密、導師，甚至是心愛的寵物，記住此刻心中充滿同理及愛意的感受，你的感受將成為這趟冥想航程的船錨。

想像這份愛是一顆泡泡正把你包覆起來。你看見自己站在一個愛的白色泡泡裡面。

想像這顆泡泡不斷變大，直到塞滿了整個房間。如果此時有其他人也在這個房間裡，想像他們也一起待在這個充滿同理和愛意的泡泡裡。

想像這顆泡泡填滿了你的家。將你心中的愛意投射給家裡的每一個人。「感覺」自己正把愛發送給他們。或者再簡單一點，在心中默念著，「我把我的愛和同情送給你，希望你一切都很好。」

想像這顆泡泡填滿了整棟建築物或整個社區……

整個城市……

整個國家……

整個大洲……

然後是整個地球。

想像每一個階段，將自己的愛和同理心送給泡泡裡的所有生物。

別拘泥於你怎麼看或感受這一顆泡泡。讓自己把思緒放在發送愛與同理心給所有住在這個地球上的生物。

現在你已經完成了同理心的階段，接著進入第二階段。

第二階：感恩

一開始先想像三至五件讓你對生活上有所感恩的事情。可以是那張溫暖的床鋪，或者是一份很棒的工作。簡單的小事也可以，比方說你的廚房裡有一杯熱咖啡。

想像三至五件你對工作有所感恩的事情。也許是上下班通勤便利，或者那位同事的笑容總是讓你會心一笑，又或者是欣賞你的老闆。

就是這樣，你做得很好。

接下來是最關鍵的部分，想像三至五件你對自己有所感恩的事情。

可以是你穿著最喜歡的洋裝，看起來真的很不賴。或者是，你在會議上表現不俗。或者是，你從未忘記朋友的生日。或者是，你很聰明，而且你的閱讀清單裡，總是不乏品味出眾的書籍。

欣賞自己，是我們都需要更經常做的一件事。

第三階：原諒

原諒就像肌肉，鍛鍊得越頻繁就會更強壯，直到你變得所向披靡後，那些負面的人事物再也動搖不了你。

拿出你在第七章時寫下的需要原諒的人事物清單。每次你做六階心法冥想時，只要處理一件事，或一個人就好，記得那個「人」也可以是自己。你可以試著原諒自己過去曾做過的事情，讓它不再折磨自己。

接著，想像那個人，或那件事情。

讓我們一起重溫第七章的原諒三步驟。

第一步：回想場景。在腦海裡想像要進行原諒的那個畫面或場景。舉例來說，我要原諒自己做了一個很糟糕的商業決策，以致我損失了數百萬美元，所以我想像眼前站著一位更年輕時的自己正站在 2005 年的辦公室裡頭。

第二步：重溫憤怒和痛苦。讓自己感受當時的痛苦和憤怒，但不要超過兩分鐘（要計時也沒關係）。你可以大吼，也可以用力捶枕頭。讓情緒釋放出來，不過要留意時間不要太久。

第三步：以愛原諒。練習問一問自己第七章的問題：我從中學到了什麼？我的人生要怎麼樣從此過得更好？也別忘了前面說過的，傷人的人也是受傷的人。

問問自己：這個人過去發生了什麼事情，讓他這樣傷害我？

當你問自己這些問題的時候，你會從其他的角度檢視情況。原諒或許不是一次練習就可以做到的，但無論我們有多麼遺憾，有一天都會釋懷。我們只是需要多加練習。

當我們終於釋懷後，你會很驚訝那種徹底解脫的感受。正如卡勒德・胡賽尼 (Khaled Hosseini) 在《追風箏的孩子》(*The Kite Runner*) 中寫道：「我在想，是否寬恕，並不是隨著虛張浮誇的神跡顯現而誕生，卻是隨著痛苦整理、收拾起行囊，在半夜裡悄悄溜走而萌生。」

現在你已經完成了六階心法冥想的上半部分。這三個階段大概需要六至十五分鐘，而我通常需要七分鐘。接下來讓我們從第四階段開始冥想我們對未來的願景。

第四階：未來夢想

還記得第八章寫下的三個至關重要的問題的回答嗎？這裡會派上用場。請從你的答案紙上，選出一至三個回答。

現在讓我們做點白日夢，想像自己獲得了實現那些目標的經歷、成長和能力。要記住，眼光放遠一點，我的建議是三年。

感覺自己的情緒波動，這是關鍵。如果你正想像自己拜訪從未去過的國家，不妨想像一下這趟旅程中，你會感到多麼驚嘆和興奮。或者想像當你輕鬆學會一項新的技能，你會感到多麼驕傲和有成就感。

我自己會用三至五分鐘的時間完成這一階段的冥想。如果你還不知道該怎麼做，別氣餒。與其想像目標，不妨借助作家克莉絲蒂・瑪莉・雪頓 (Christie Marie Sheldon) 發明的「自傲發問技巧」。比方說，為什麼我這麼輕鬆就能拜訪如此美妙的國家？為什麼我這麼會賺錢，還會用

錢賺錢？為什麼我能在愛情裡如此成功？為什麼我能維持理想體重？造句對有些人來說會比想像畫面更輕鬆。當然，你也可以結合這兩種作法。總之，有想法才是重點。只要你能聽到、看見甚至嗅到點子的氣息……管用就行了。

第五階：完美的一天

這一階段的冥想要從一個簡單的問題開始：為了實現三個至關重要的問題所得出的目標，我今天該做些什麼呢？

想像你在腦海裡度過這一天：你搭車去上班，和團隊一早便開始忙碌，完成了中午的工作，接著進行午餐會議……直到你手上的工作告一個段落，你回到家裡，睡覺前冥想或讀一點東西。

想像每一件事情完美發生的情況。作家伊絲特・希克斯建議，倘若你容易起疑心或萌生負面想法，不妨試著用句子的方法，「如果_____，那是再好不過了」。比方說，你可以這樣問自己：如果我能夠一邊輕鬆通勤，一邊聽著我最愛的歌曲，那不是很棒嗎？

想像這一天的每一刻，直到看見腦海中的自己睡著。

當你做這一階段的冥想時，發揮想像或假裝自己擁有超能力，能操控自己的人生和生活。只要假裝自己擁有這份力量，那麼即使只是專注在正面的事情，忽略那些負面事情，就足以讓你體驗到更積極正面的生活了。

現在，讓我們進入第六階段。

第六階：祝福

想像有一股更崇高的力量，準備幫助你達成人生任務。這無關你是

否有信仰或宗教。這一份崇高的力量可以是你文化中或神話裡的神、聖人或先知,甚至是某種靈性或天使般的個體。如果你是無神論者,更崇高的力量可以是你的內在潛力和不屈不撓的精神。

感受這股力量從頭頂灌入你的身體,流到額頭、眼睛、臉龐、脖子、肩膀、手臂、腹部、臀部、大腿,直到小腿。

想像這股力量正保護著著你,準備護送你去實現夢想。

想像自己正在感謝這股崇高的力量或能量,並看見自己已經準備好迎接這一天。

當你準備好了,請睜開眼。恭喜你完成了六階心法冥想。

六階心法的顯性及隱性效果

當你練習六階心法冥想時,那些你曾經在別的地方讀到有關冥想的好處也會一個個冒出芽來等著你收穫。然而,這個系統不只能放鬆身心,更能獲得同情心、原諒等好處。

六階心法除了會提醒你,讓你得到幸福快樂和平靜的心情之外,還可以幫助你發揮正面的影響力。它更告訴我們,絕對不要放棄追求那些美麗的夢想。

六階心法冥想是我每一天最重要的任務。我的成功最大功臣就數六階心法了,根本是用盡各種方式強調它有多厲害都不為過。我期待聽見它帶給你們的好處。歡迎你寫信到 hellovishen@mindvalley.com,和我分享你的故事和經歷。

人生工具箱
卓越思考的重點回顧

　　我將這本書的所有卓越法則和練習作法濃縮在這裡，以方便你隨時回顧重點。

第 1 章 勇敢突破陋習

　　我們同時生活在兩個世界中。一個是我們都有一致認知的事物（比方說，火焰是熱的）的絕對真實世界；另一個是相對真實的的世界——那裡的想法、模式、神話和規則都是隨著人類的演化，世代傳承下的概念，例如婚姻觀、金錢觀和宗教信仰等等。相對事實不會是放諸四海皆準的，但我們認為它們是絕對的事實，毫無質疑地去奉行那些不知道究竟是我們人生翅膀或桎梏的種種觀念，這個相對真實的世界就是「世俗世界」。

卓越法則一：規矩是用來突破的

擁有卓越心智的人善於看穿無用陋習，知道該如何選擇有用的規則和情勢，或者該懷疑或忽視。他們通常會踏上鮮少人走過的道路，創新定義自己的人生。

第2章 別再抱著過時觀念不放

　　大部分的人都活在世俗世界所加諸給我們的種種老舊規則之中，所以我叫那些規則是「胡扯規則」，胡扯規則是為了簡化我們對這個世界的理解，因而發展出來的一堆邏輯不通的道理。質疑胡扯規則是邁向卓越人生的第一步。

值得挑戰看看的常見胡扯規則

　　一、大學：有大學文憑才能出人頭地。

　　二、恪守文化：我們的結婚對象應該要有相同的宗教，或來自相同
　　　　的種族。

　　三、宗教：我們應該信仰單一種宗教。

　　四、工作：不努力工作就是偷懶，無法成功。

◆　練習：五提問抓出胡扯規則

　　如何快速找出自己有沒有奉行什麼胡扯規則呢？不妨問問自己接下來的五個問題：

　　問題一：是基於對人性的信任和希望嗎？

　　問題二：是否違背黃金準則？

　　問題三：是否源自文化或宗教信仰而來的胡扯規則？

　　問題四：它是基於理性選擇，還是「別人也這樣」？

　　問題五：能帶給我快樂嗎？

卓越法則二：質疑胡扯規則

當卓越之人發現胡扯規則與自己的夢想和渴望背道而馳時，他們會抱持質疑的態度。卓越之人認為世界上諸多的常規，多半源自人們盲從早已過時的胡扯規則。

第3章 意識的鍛鍊工程

意識工程可以看成是在你內心中，由你來控制的電腦作業系統。你的現實認知是你對自己和這個世界的信念，也就是電腦硬體。你的生活系統就像是電腦軟體：你想怎麼「經營」你的生活——從生活習慣到解決問題、養兒育女、交友、做愛和玩樂。我們都覺得持續更新電子設備和系統很正常，但卻毫不察覺自己正在使用老舊的信念和習慣過生活。當我們汰舊換新那些侷限自己的模式和系統後，我們的意識便得以提升，也踏上卓越人生之旅。

◆ 練習：十二平衡領域——為你的生活打分數

接下來的每一個類別，請依自己的情況打分數，從一到十分。一分代表「非常糟糕」，十分代表「棒極了」：

一、**親密關係**：你對目前關係，是否感到快樂？無論你是單身且享受目前的狀態、與人交往，或者有愛慕的對象。分數：＿＿＿＿

二、**交友情況**：你是否擁有穩固的友誼？是否認識至少五位友人，

他們願意支持你，也喜歡和你相處呢？　　　　　分數：＿＿＿＿

三、**人生冒險**：經常去旅行、體驗世界，並參加能帶給你全新體驗
和刺激的活動嗎？　　　　　　　　　　　　分數：＿＿＿＿

四、**生活環境**：是否滿意生活中的種種環境，包含了你居住的家、
你開的車、工作和任何你會待上一段時間的地方，甚至包含旅
行時所住的飯店？　　　　　　　　　　　　分數：＿＿＿＿

五、**身體健康**：以目前的年齡來看，你覺得自己健康嗎？有沒有任
何不適症狀？　　　　　　　　　　　　　　分數：＿＿＿＿

六、**學習生活**：經常學習新事物嗎？你學習及成長的速度很快嗎？
讀過幾本書？每年參加幾場研討會或課程呢？學習的腳步永遠
不能停下來？　　　　　　　　　　　　　　分數：＿＿＿＿

七、**個人技能**：為了使自己與眾不同，從而成功發展職涯，你精進
個人技能的速度很快嗎？正努力成為職人，還是原地踏步呢？
　　　　　　　　　　　　　　　　　　　　分數：＿＿＿＿

八、**心靈生活**：經常進行靈性思考、冥想或沉思，幫助自己進行心
靈交流，從而維持心靈平衡與平靜嗎？　　　分數：＿＿＿＿

九、**職涯發展**：在職場上一帆風順，還是停滯不前呢？如果是自行
創業，生意是蓬勃成長，還是原地踏步呢？　分數：＿＿＿＿

十、**創意生活**：是否會去參與任何有助於發揮創意的活動，比方說
繪畫、寫作或演奏樂器呢？你認為自己是一位消費者，還是創
造者呢？　　　　　　　　　　　　　　　　分數：＿＿＿＿

十一、**家庭生活**：整天工作結束後，喜歡回家跟家人待在一起嗎？
如果還沒結婚，或是還沒有小孩，你的家人便是你的父母及
手足。　　　　　　　　　　　　　　　　分數：＿＿＿＿

十二、**社區生活**：對自己所生活的社區，是否有所貢獻或扮演重要
角色呢？　　　　　　　　　　　　　　　　　分數：＿＿＿＿

卓越法則三：練習操縱意識

卓越人士知道他們的成長皆來自兩大重點：現實認知與生活系統。他們謹慎地選擇能賦予其最大力量的認知和系統，並經常更新升級。

第 4 章 重塑你的現實認知

我們對自己和生活所抱持的信念由我們自己決定，我們的孩子也一樣有權這麼做。接下來的練習是幫助你改寫自己的現實認知。你也可以試著跟孩子們一起練習，如果他們想不出喜歡自己哪一點，不妨分享你喜愛他們的地方。

◆ 睡前練習一：練習心存感激

回想今天所發生的三至五件讓你心存感謝的事情，可以是微笑這類的小事，也可以是升職加薪等大事。

◆ 睡前練習二：學著「愛上自己」

想出三至五件你喜歡自己的地方。也許是你具有某一種品行，或者今天你做了足以自豪的行為。又或者是你的幽默感、冷靜處理危機，或

者是你今天的髮型或跳投籃球的姿勢。每天花幾分鐘好好嘉許「自己」一下。

外在現實認知

我們的內在現實認知——我們對自己的信念具有強大的威力。然而，我們的外在現實認知——我們對這個世界抱持的信念的威力也不容小覷。自從我決定信仰接下來的四個嶄新外在認知後，它們已經替我的人生增添更多美麗的風采：

一、直覺是人類的最大禮物

二、心靈的力量有助於治療身體

三、「樂」在其中即是另一股生產動力

四、心靈寄託無須依賴宗教信仰

◆　睡前練習三：檢查你在十二平衡領域的現實認知

一、親密關係：你期望從親密關係中獲得什麼？以及付出什麼？覺得自己值得被愛及被珍惜嗎？

二、交友情況：你認為「友誼」是什麼？

三、人生冒險：你覺得「冒險」是什麼？

四、生活環境：你在哪裡最能感到快樂？是否滿意目前的住所及生活方式？

五、身體健康：你如何定義「身體健康」？你又會如何定義「健康飲食」呢？你認為自己是天生易胖體質，或者有其他天生疾病嗎？覺得自己保養得宜嗎？

六、學習生活：你是否持續學習和成長？

七、個人技能：阻礙你學習新知的是那些障礙？

八、心靈生活：你信仰怎樣的心靈價值？

九、職涯發展：你認為「工作」是什麼？覺得自己已擁有成功的要素了嗎？

十、創意生活：覺得自己有創意嗎？

十一、家庭生活：作為別人的人生伴侶或子女，你認為自己的主要角色是什麼？你滿意現在的家庭生活嗎？

十二、社區生活：你與身處的社區是否有著一樣的價值觀？覺得自己有能力貢獻於社區嗎？

改寫現實認知的兩大利器

　　移除日常負面現實認知的方法有兩個，其原理是在我們未意識到自己採納一種現實認知之前，先啟動我們的理性思維，也就是問問自己接下來的兩個問題：

　　問題一：我所遵從的現實認知來自絕對現實，還是相對現實？

　　問題二：這件事情真的是我所想的意思嗎？

卓越法則四：你能改寫你的現實認知

卓越之人的現實認知能讓他們保持自信心，相信自己具備改變世界的力量。

第 5 章 升級自己的生活系統

大部分的人忙著處理事情，卻從未退一步思考做事情的方法，或做某件事情的原因。卓越人士總是想辦法找出並更新他們的生活系統，不斷評估那些系統是否管用。你的生活系統又是怎麼樣的情況呢？準備好要升級了嗎？

評估自己的更新頻率

最近有沒有更新任何一個生活系統呢？我想推薦自己最愛的書籍或課程，興許能為你帶來截然不同的新觀點：

一、親密關係：約翰・葛瑞 (John Gray) 的《男人來自火星，女人來自金星》(*Men Are from Mars, Women Are from Venus*)。

二、交友情況：戴爾・卡內基 (Dale Carnegie) 的《讓鱷魚開口說人話》(*How to Win Friends and Influence People*)。

三、人生冒險：推薦理查・布蘭森的自傳《維珍旋風》(*Losing My Virginity*)。

四、生活環境：大衛・舒茲 (David J. Schwartz) 博士的《就是要你大膽思考》(*The Magic of Thinking Big*)。

五、身體健康：推薦給男性讀者的書是戴夫・亞斯普雷 (Dave Asprey) 的《防彈飲食》(*The Bulletproof Diet*)。要推薦給女性讀者的是 JJ・維珍 (JJ Virgin) 的《維珍飲食》(*The Virgin Diet*)。

六、學習生活：想要學速效學習法或記憶術嗎？我推薦吉姆・科威刻 (Jim Kwik) 的課程。

七、個人技能：提摩西・費里斯 (Timothy Ferriss) 的《一週工作四

小時》(*The 4-Hour Workweek*)。

八、心靈生活：尼爾‧唐納‧沃許 (Neale Donald Walsch) 的《與神
　　對話》(*Conversations with God*) 及尤迦南達 (Paramahansa Yo-
　　gananda) 的《一個瑜伽行者的自傳》(*Autobiography of a Yogi*)。

九、職涯發展：亞當‧格蘭特 (Adam Grant) 的《反叛，改變世界
　　的力量》(*Originals*)。

十、創意生活：史蒂芬‧普雷斯費爾 (Steven Pressfield) 的《藝術
　　之戰》(*The War of Art*)。

十一、家庭生活：唐‧梅桂爾‧魯伊茲 (Don Miguel Ruiz) 的《托
　　　爾特克愛的智慧之書》(*The Mastery of Love*)。

十二、社區生活：Zappos 執行長謝家華 (Tony Hsieh) 的《想好了就
　　　豁出去》(*Delivering Happiness*)。

◆ 練習：如何設定絕對底線

　　更新了生活系統後，接下來可以設定絕對底線，從而檢視自己是否
退步，也更能幫助自己更靠近成功的大門。

　　步驟一：從十二平衡領域中找出想設底線的類別。

　　步驟二：決定你的底線，設立具體可行的目標，並定期回顧進展。

　　步驟三：碰到底線時的自我強化機制，要是不小心落後於底線了，
要馬上啟動底線校正程序（請參考步驟四）。

　　步驟四：循序漸進以突破底線，當你已經落後底線了，設定一個又
一個的目標，幫助自己回到底線——並將原點再往上拉高一些些。那麼
你將擺脫「止步不前」的人生，開始展開一頁又一頁的人生新篇。

未來的生活樣貌

我們非常注意照顧身體的方式，遠勝於關心自己的內心和靈魂。我們創造出來的社會，是一種人們一早醒來就會感到壓力、焦躁、害怕和不安才是正常的世界。但這個世界不必如此。我們應該讓自己安裝沒有那些負面情緒的生活系統，所以我稱這些系統是「超凡脫俗」，裡面包含了感恩、冥想、同情心、祝福和其他方法。每天只需要花幾分鐘，就可以關掉這些心中的雜音，並帶給你滿滿的能量、樂觀以及平靜的思緒，去迎接接下來的一天。

卓越法則五：升級自己的生活系統

卓越者會持續花時間探索、升級並評估可用在人生、工作、或者身心靈上的有效系統。他們永遠都在追求成長和自主創新。

第 6 章 變通現實

隨著我們開始進行意識工程、質疑胡扯規則，並體驗新的現實認知和生活系統，人生變得更寬廣又刺激，讓你迫不及待升級自己的人生。於是，我為這個狀態取名為「變通現實」。而處於這個狀態的你，會深刻感覺到兩件事情：

一、你有一個宏大的未來願景，拉著你前進。

二、然而此時此刻，你是快樂的。

　　此刻願景正不斷拉著你向前跑，但你不覺得自己像是在工作，反而覺得這是一場你很喜歡玩的遊戲。

◆ 練習：自我評估

　　接下來的八個簡單自我評估題目，可以幫助你衡量自己是否正在走向變通現實的道路。答案沒有對錯區別，只是為了讓你知道自己正處於什麼狀態而已。

一、我熱愛我的工作；對我來說，工作已經不再只是工作了。

　　完全錯誤　　偶爾如此　　完全正確

二、這份工作對我富有意義。

　　完全錯誤　　偶爾如此　　完全正確

三、我在工作時，總是如此快樂，以至於我感覺時光飛逝。

　　完全錯誤　　偶爾如此　　完全正確

四、即便事情進展不順遂，我也完全不擔心，好事定會發生。

　　完全錯誤　　偶爾如此　　完全正確

五、我對未來充滿期待，我相信好事總是會發生。

　　完全錯誤　　偶爾如此　　完全正確

六、我鮮少會感覺到壓力和焦慮。我相信自己具備實現目標的能力。

　　完全錯誤　　偶爾如此　　完全正確

七、我期待未來，因為我抱有獨特且大膽的目標。

　　完全錯誤　　偶爾如此　　完全正確

八、我會讓自己有足夠的時間，好好想像未來願景。

　　完全錯誤　　偶爾如此　　完全正確

如果第一題到第四題的回答都是「完全正確」，表示你是快樂的。

如果第五題到第八題的回答都是「完全正確」，表示你是有願景的。

如果所有回答都是「完全正確」，表示你正處於變通現實的狀態。

然而，大部分的人會發現，自己的答案是傾向「感覺到即刻快樂」或「擁有很棒的願景」。只有少數人會對所有的題目回答「完全正確」。

卓越法則六：變通現實

卓越之人懂得變通現實。他們對未來抱有大膽且令人興奮的願景，但他們不會拿快樂當籌碼，他們時時刻刻都是幸福快樂的人。這種平衡狀態使他們奔向願景的同時也不忘享受沿途美景。在外人的眼中，他們都是「幸運兒」。

第 7 章 幸福紀律的練習

你知道有一種很簡單的系統，可以讓你享受即刻的快樂，並體會真正的喜悅嗎？我把這個系統稱為「幸福紀律」，它由三個關鍵系統組成：

第一項幸福紀律：感恩

第二項幸福紀律：原諒

第三項幸福紀律：付出

快樂不是什麼無法掌控的無形狀態，而是一種可以加以訓練的技能。接下來的練習正是為了幫助你學會這些幸福紀律。

◆　練習：常懷感恩之心

儘管大部分的人都想從未來找到快樂，但快樂就站在我們自個兒的身旁。注意那些已經發生的好事，快樂的心情便能立即浮上心頭。每天早上和晚上，不妨花點時間想一想：

在生活上，三至五件令你感謝的事情。

在工作上，三至五件令你感謝的事情。

這無關乎大小事──只要對你來說是有意義的就行了。用五至十秒鐘的時間，回想每件事情所帶給你的美好感受。不妨也試著分享這份喜悅：你可以試著和孩子或另一半練習感恩。

◆　練習：解放自己並真正原諒

釋放不滿和怒氣是最有效的管道，讓自己恢復平靜且強大的心境。快樂是可以訓練的技能，原諒也是，而且還是學會幸福紀律的關鍵。接下來是我學習了四十年之禪，然後簡化而成的原諒練習。

事前準備

列出那些讓你曾感到受傷的人事物。這可能不太容易，尤其是回想起非常痛心或長時間下來的傷痛。不妨對自己溫柔一點。等自己準備好了之後，從裡面選擇一個人，讓我們開始練習原諒。

第一步：還原場景

閉上眼睛。大概用兩分鐘左右的時間，讓自己回到事發當時的情況。想像一下當時的周遭環境。

第二步：重溫憤怒和痛苦

想像曾經傷害過你的人正站在你的面前，感受自己的情緒起伏，但要注意時間不要超過一分鐘。

第三步：以愛原諒

繼續想像那個人就站在你的面前，但這時候要以同情的角度去看待他（她）。想像他可能經歷過什麼樣的痛苦或不幸，才會讓他們這麼對待你。問問自己：我從中學到了什麼？我的人生要怎麼樣從此過得更好？

完成之後，你應該能感覺自己對這個人的負面情緒，又減少了幾分。重複練習原諒，直到你終於發自愛而選擇原諒對方。如果受的傷害比較嚴重，可能需要花幾個小時，或幾天的時間練習原諒。「以愛原諒」不是要你放下而已。採取必要的行動，保護自己，尤其違法行為一定要報警處理。要記得，別被痛苦侵蝕。

◆　練習：付出的途徑

第一步：列出你辦得到的付出行為

像是時間、友愛、諒解、同情、技能、點子、智慧、力量、物質幫助，還有其他的嗎？

第二步：追根究柢，化虛為實

是什麼樣的技能，是會計、技術協助、指導、法律協助、寫作、辦公技能，還是藝術技巧呢？是什麼樣的智慧，是職涯輔導、育兒妙方，或者你的經驗可以幫得上別人，比方說曾戰勝過某種疾病，或不幸成為違法活動的受害者嗎？是哪一種物質幫助，修理物品、協助年長者、烹

飥，還是為盲人讀字？

第三步：想想自己能提供協助的地方

在家裡或整個家族中？工作上？街坊鄰居？你所在的城市？在地企業？靈修團體？當地圖書館？青少年組織？醫院或養護中心？政治機構或非營利組織？還是組織團體或呼籲大眾，以關注資源不足的群體？

第四步：聽從直覺

檢視這份清單，標出那些項目讓你突然感到一陣激動。

第五步：採取行動

留意周遭的機緣巧合，去探索更多的可能性。

你也可以在辦公室或職場上舉辦像情人週的活動。

卓越法則七：練習幸福紀律

卓越之人知道快樂來自於內心和當下，他們把快樂當成燃料，
成為他們向自己和這個世界的願景目標前進的助力。

第 8 章 創造未來願景

許多人最大的問題出在太早選擇職業，甚至還不到合法購買啤酒的年齡，就得被迫做出決定了。小小年紀的我們怎麼可能知道自己想要什

麼？就算我們試著要「成熟點」，有條理地訂定人生目標，卻因為現在大部分設定目標的方式根本不對，到頭來我們還是不滿意自己的生活。

　　世俗社會教導我們設定「手段」，也就是達成目標的方法——而且那些手段往往只是為了符合或遵循社會的某種胡扯規則。相反地，「最終目標」才是發自內心，能激勵鼓舞我們，讓我們終於看見心之嚮往。追逐最終目標，能加速我們奔向卓越人生。所以接下來的三個至關重要的問題，能幫助你直接鎖定真正重要的目標：

◆ 練習：問問自己這三個問題

問題一：你想在這一生中獲得什麼樣的經歷？

　　如果在不必考慮時間和金錢，也不需要任何人允許的情況下，我靈魂深處真正渴望的經驗是什麼？

- 親密關係：盡量想像你心目中理想的親密關係。隔天醒來一睜開眼，誰是你希望看見的人？
- 交友情況：想像你理想中的社交生活——裡面有那些人？你們在那些地方？談論著什麼樣的話題？一起從事什麼活動？
- 人生冒險：什麼樣的冒險能讓你的靈魂唱出心之歌？
- 生活環境：想像自己待在喜愛的環境中，你理想中的家、車子和旅遊地點會是什麼樣子？

問題二、你想要如何成長？

　　如果我想讓問題一所描述的理想成真，我該如何成長？我該成為什麼樣的人呢？

- 身體健康：描述看看你想要有什麼樣的感受和外表。過了五年、十年，甚至二十年後呢？
- 學習生活：為了擁有前面列出的體驗，你需要學習什麼？有沒有想要學習的東西？
- 個人技能：什麼樣的技能會幫助你在工作上大展身手？如果你願意轉換職業跑道，有那些技能是必須學會的？如果能依個人喜好學習任何事情，那麼你會想學習些什麼呢？
- 心靈生活：你內心最渴望的靈修方式是什麼？

問題三、你想要如何做出貢獻？

如果我已經獲得了前面的體驗和顯著的個人成長，接下來我能如何回報這個世界呢？

- 職涯發展：你對這項職業的願景是什麼？你想要對這個領域做出何等貢獻？
- 創意生活：你樂於從事什麼樣的創意活動？或者想去學習的？你想用些什麼方式，向這個世界展現自己的創意？
- 家庭生活：想像自己和家人待在一起，不是以「非得這麼做不可」的角度，而是想像和家人團聚時，內心充滿快樂的感覺。你們正在一起累積什麼樣的美好經歷？你想要為這個家庭付出什麼樣獨一無二的的貢獻？要記住的是，你的家人不必來自傳統的家庭─將那些你真心喜愛且想花時間陪伴的人，納為「自家人」看待。
- 社區生活：你的社區可以是朋友、鄰居、縣市、國家、宗教社團，或者將這整個世界視為一個社區。看看那些造就你的所有人

事物，如果想讓這個世界看見你，你會想做那些令你雀躍不已，又能帶給你滿足感的事情呢？

卓越法則八：開創未來的願景

卓越人士會自己決定願景，從不假手他人，所以他們能掙脫世人的刻板期望，專注在能帶來真正快樂的最終目標。

第 9 章 成為所向披靡之人

卓越之人有著源源不絕的活力，隨時準備好向這個世界，展現他們前衛的目標和願景。如果你也想成為他們的一員，就必須跨越內心的恐懼。幸運的是，如同你在本書其他章節看到的，「所向披靡」也是一種可以訓練的技能，而且只需要你了解到兩項現實認知：

自給自足的目標：你可以對最終目標擁有絕對的控制權，而且沒人可以搶得走。舉例來說：想要自己永浴愛河。

知足常樂：人總是想要證明自己會帶來不好的影響，然後不斷去尋求外界的認可，最後失去了自己對人生的掌控。知足常樂能填補心中的缺口，有了一顆完整的心，人生從此能充滿更多的愛，足以照亮自己和別人，甚至是這個星球。

方法一：從鏡中愛自己

站在鏡子前，直視自己的雙眼，然後重複地說著「我愛你」。多多

複習這麼做，直到感覺對了。

方法二：感謝並欣賞自己

確保自己每天都練習第四章學到的「愛上自己」。

方法三：練習撫平突然到訪的恐懼和焦慮

將注意力放在當下，讓自己從壓力和焦慮的情緒中抽離，從而回到即刻的快樂情緒之中。只要用一分鐘左右的時間，注意當下環境的小細節即可：光線灑落在物體上的模樣、美麗且獨一無二的掌紋，以及自己的呼吸起伏。

卓越法則九：實現所向披靡

卓越之人證明自己不假他人所言，也不以實現目標來證明自己。卓越之人和自己、和世界和平相處。他們無所畏懼，批評或讚美都動搖不了他們，並以內心快樂和自愛為自己的人生加足能量。

第 10 章 活出專屬你的意義人生

卓越人士都擁有遠大的夢想，為了呼應夢想，他們願意掙脫傳統工作和人生的種種限制。於是，一股無比正面的能量形成了，他們便把這股熱情的能量注入到使命之中。

卓越之人從事的不是職業，而是一種使命。

使命感，是對人類有所貢獻，鼓勵我們為後代創造一個更美好的星球。因此，我們可以寫一本書、致力養育出色的孩子，或者加入有同樣使命的公司，一起去改善這個世界。當你去追逐使命，人生會充滿熱情和意義。只要做對了，每個人都能以巔峰狀態去實現夢想。

找到自己的人生任務

我們該從哪裡找出使命呢？我知道有兩種途徑：一種是從大腦，另一種是從內心。你也可以選擇兩種並進。

作家兼演說家馬丁‧露特 (Martin Rutte) 建議不妨問問自己接下來的三個問題，來快速找出自己的人生使命。

第一個問題是：回想看看，什麼事情會讓你有置身天堂的感覺？

第二個問題是：想像你有一支可以變出人間天堂的魔法棒，你會變出什麼樣的人間天堂呢？

最後一個問題是：在接下來的二十四小時內，你願意做出那些簡單又具體的行動，讓人間成為天堂呢？

卓越法則十：達成人生任務

卓越之人會受到使命感的驅使，鼓勵他們去積極改變這個世界。這股動力使他們向前邁進，獲得人生的意義，以及付出有意義的貢獻。

致謝

我在這裡要特別感謝：

阿吉特·納瓦爾卡 (Ajit Nawalkha) 及凱斯堤·敏拉尼 (Kshitij Minglani)，你們是我最棒的商業顧問。

我在 Mindvalley 的領導團隊：維娜·西度 (Veena Sidhu)、漢娜·桑布拉諾 (Hannah Zambrano)、以西結·文森特 (Ezekiel Vicente)、艾瑞克·史特勞斯 (Eric Straus)、克萊門·史托 (Klemen Struc)、傑森·坎貝爾 (Jason Campbell)、特洛伊·艾倫 (Troy Allen) 以及加雷思·戴維斯 (Gareth Davies)，謝謝你們讓我暫時告別執行長的身分，專心撰寫這本書的同時，為我維持公司營運一切順利。

總是不斷支持和指導我的同伴、支持者和導師，包含了：璜·里亞特吉 (Juan Martitegui)、魯米尼塔·薩維克 (Luminita Saviuc)、米亞·科寧 (Mia Koning)、卡蒂·歐雅 (Kadi Oja)、妲雅·洛佩茲 (Tanya Lopez)、凱里·吳 (Khailee Ng)、阿米爾·阿邁德 (Amir Ahmad)、饒武漢 (Ngeow Wu Han)、麥克·雷寧 (Mike Reining)、塞西莉亞·薩迪歐 (Cecilia Sardeo)、伊娃·維索斯卡 (Ewa Wysocka)、尤絲蒂娜·耶斯特柴布斯卡 (Justyna Jastrzebska)、蕾妮·阿雷亞 (Renee Airya) 以及卡爾·哈維 (Carl Harvey)。

我生命中的導師和療癒師：克莉絲蒂·瑪莉·雪頓 (Christie Marie Sheldon)、亞尼克·思爾佛 (Yanik Silver)、格雷格·哈伯斯特里特 (Greg Habstritt)、伯爾特·高德曼 (Burt Goldman)、荷西·西瓦 (Jose Silva)、

哈福‧艾克 (Harv Eker)、傑克‧坎菲爾 (Jack Canfield) 以及尼爾‧唐納‧沃許 (Neale Donald Walsch)。

我的合作夥伴東妮‧斯艾拉‧波茵特 (Toni Sciarra Poynter)，謝謝你總是盯著我，不時提醒我要超越自己，讓我能成功推出這本書。

我的編輯利亞‧米勒 (Leah Miller) 和羅達爾出版社 (Rodale) 的團隊，謝謝你們相信我。同時也要感謝瑪莉亞‧羅達爾 (Maria Rodale) 的支持。

史特林羅德文學版權代理公司 (Sterling Lord Literistic) 的經紀人塞萊斯特‧芬恩 (Celeste Fine) 和約翰‧麥斯 (John Maas) 為我開啟了這段旅程。

這本書和其技術團隊：柯爾頓‧史瓦波 (Colton Swabb)、蓋文‧阿伯瑞特 (Gavin Abeyratne)、黃乾琳 (Chee Ling Wong，音譯)、保羅‧史基塔斯 (Paulius Staniunas)、羅南‧迪亞哥 (Ronan Diego)、克麗絲塔‧法蘭克爾 (Krysta Francoeur)、賽達斯‧安南索洛 (Siddharth Anantharam)、塔尼亞‧沙富安 (Tania Safuan)、瑪麗安娜‧科力克 (Mariana Kizlyk)、沙非烏‧侯賽因 (Shafiu Hussain)、約翰‧黃 (John Wong) 及提‧林 (TS Lim)，謝謝你們讓這本書擁有出眾的宣傳、網站和技術。

艾希莉 (Ashley) 和凱莉 (Carrie)，以及整個 Triple 7 PR 公關團隊。

Mindvalley 的錄影團隊，謝謝他們努力拍攝線上體驗的影片：克莉絲朵‧凱兒 (Crystal Kay)、安東‧維斯洛 (Anton Veselov)、庫安‧古納瑟伽然 (Kuhan Kunasegaran)、米爾德麗德‧麥可 (Mildred Michael)、馬泰‧瓦泰 (Matej Valtrj)、艾爾‧亞伯拉罕 (Al Ibrahim)、米密‧蒂安 (Mimi Thian)、善‧美威魯 (Shan Vellu)、海爾‧喬哈里 (Khairul Johari)、崔芬妮‧里歐 (Triffany Leo)、亞麗珊卓‧沐 (Alexandria Miu)、

安琪拉‧巴利斯特雷里 (Angela Balestreri) 以及賈桂琳‧馬熱昆 (Jacque-line Marroquin)。

Mindvalley 團隊,以及我們的客戶、訂閱戶及粉絲們。

我在 A-Fest 的小組成員、意識工程課程的學生們以及 Facebook 粉絲團,你們都是最棒的學生,你們讓我每天都熱愛著這份工作。

彼得‧戴曼迪斯 (Peter Diamandis)、亞弩莎‧安薩里 (Anousheh Ansari) 及 XPrize 創意董事會成員──謝謝你們總是鼓勵我去實現更遠大的夢想。

轉化型領導協會 (Transformational Leadership Council) 的成員們,謝謝你們助我從那些全球最聰明的人物身上學習並成長。

AIESEC 密西根的全體人員:瓊恩‧奧普戴克 (Jon Opdyke)、瓦達納‧瓦西施 (Vardaan Vasisht)、辛蒂‧范登博世 (Cindy Vandenbosch)、珍妮佛‧斯塔基 (Jennifer Starkey)、哈納‧瑪哈斯 (Hana Malhas) 以及奧馬爾‧古達 (Omar Kudat)。

以及為這本書付出珍貴智慧的導師們:理查‧布蘭森 (Richard Branson),謝謝你建議我撰寫這本書;謝謝達賴喇嘛為全人類的貢獻;伊隆‧馬斯克 (Elon Musk) 是相當厲害的萬物微粒;雅莉安娜‧赫芬頓 (Arianna Huffington) 是我女兒的偶像;美國發明家狄恩‧卡門 (Dean Kamen) 的鼓勵;瓊恩‧布徹爾 (Jon Butcher) 分享的 Lifebook;肯恩‧威爾伯 (Ken Wilber) 教我理解這個世界的模式;麥可‧伯納‧貝克維 (Michael Bernard Beckwith) 告訴我的精采智慧言論;瑪莉莎‧皮爾 (Marisa Peer) 的課程;戴夫‧亞斯普雷 (Dave Asprey) 的四十年之禪;派屈克‧格羅夫 (Patrick Grove) 鼓勵我去探索大腦思考的極限;艾蜜莉‧弗萊徹 (Emily Fletcher) 分享她自己對於冥想的見解;克莉絲蒂‧

瑪莉・雪頓 (Christie Marie Sheldon) 治癒了我的傷痕；東尼・羅賓斯 (Tony Robbins) 邀請我去他的私人度假勝地進修；哈福・艾克 (T. Harv Eker) 的友誼和指導；雪莉・列弗克 (Shelly Lefkoe) 讓我成為更棒的父親；麥克・杜利 (Mike Dooley) 每天寫發人省思的紙條給我；桑妮雅・喬凱特 (Sonia Choquette) 教我如何使用直覺；喬・維泰利 (Joe Vitale) 教我靈感和意圖的區別；JJ・維珍 (JJ Virgin) 推動了這本書的進展；喬・薄里西 (Joe Polish) 的關心和海涵；麗莎・妮可絲 (Lisa Nichols) 對我的信任；以及包柏・普克特 (Bob Proctor) 鼓勵我去追逐更遠大的夢想。

　　給莫提・列弗克 (Morty Lefkoe)，希望你在天堂盡情狂歡。謝謝你分享給這本書讀者的最後演講和訪談，這是我莫大的榮幸。

本書名詞解釋

十二平衡領域 (Twelve Areas of Balance)：均衡人生的十二個關鍵領域，包含了親密關係、交友情況、人生冒險、生活環境、身體健康、學習生活、個人技能、心靈生活、職涯發展、創意生活、家庭生活，以及社區生活。

人生三大問 (Three Most Important Questions)：三個關鍵問題，讓我們在變通現實的旅途上，能藉此建立具彈性且帶來成就感的目標。

心靈藍圖 (Blueprint of the Soul)：一個人對三個至關重要的問題的回答。

手段 (Means goal)：常被誤以為是一種目標（有時候甚至是一種狗屁規則），因此被當作是目標去追逐。然而，這只是實現更遠大目標的一種手段罷了。

六階心法冥想 (The Six-Phase)：基於科學而設計出的冥想課程。每天只需要十五分鐘，搭配各階段使用的不同方法，讓冥想者擁有更豐富及深度的冥想體驗，而且作法可依自己的時間、需求和生活習慣來安排。

四種人生狀態 (Four States of Human Living)：人生的四種狀態，而每一種狀態都有不同的程度或平衡（被遠大的未來願景所牽引或享受當下的快樂）：（一）負面連鎖效應、（二）當下現實陷阱、（三）壓力與焦慮，以及（四）變通現實。

世俗世界 (Culturescape)：相對現實的世界，由人類的想法、文化、神話、信念和慣例組成。

生活系統 (Systems for living)：生活上既定的習慣和程序，從玩樂到工作，以及個人成長。是一種完成事情的重複（理想上應該要是優化後的）模式，就好像是電腦軟體或應用程式。

先破壞而後建設 (Beautiful Destruction)：一種狀態，意思是雖然生活有一部分被破壞了，但破壞是為了清出一條道路，才能迎接更美好的事情。

忙碌悖論 (Busyness paradox)：一種謬論。有人覺得自己太忙了，所以無法進行冥想──例如說，「我太忙了，所以無法吃東西」。

自傲發問技巧 (Lofty questions)：正如作家克莉絲蒂・瑪莉・雪頓 (Christie Marie Sheldon) 說的，藉由向自己提出正面的問題，來超凡脫俗的作法。這是一種利用問題來肯定自己的個人成長作法。例如，問問自己「為什麼我能在愛情裡如此成功？」，而不會問自己「為什麼我無法脫離單身？」

見性 (Kensho)：當人們經歷生活苦難後，而獲得個人成長的一種漸進式過程。不過在見性發生的當下，自己可能無法察覺這種正向的成長。請參考「開悟」的解釋。

更新頻率 (Refresh rate)：一個人更新自己生活系統的頻率。

幸福紀律 (Blissipline)：一種天天保持快樂心情的方法。透過建立某些生活系統來持續促進快樂程度，包含了超凡脫俗。請參考「超凡脫俗」的解釋。

社會有害公司 (Humanity-minus company)：這個公司所生產的產品，可能是為了滿足非永續或人造的非必要需求，因此只會讓這個世界和人類越來越糟糕。

社會有益公司 (Humanity-plus company)：這個公司提倡人類進步。比方

說，公司會注重再生能源、促進飲食和生活，或研發新的方式去提升及改善人類生活。

所向披靡 (Unfuckwithable)：根據網路定義，意思是「當你真正處於內心平靜且了解自己時，別人的所作所為都奈何不了你，任何負面事情都碰不到你一根寒毛」。

活在當下 (Present-centeredness)：這個技巧是透過注意當下的小細節，來製造即刻的幸福感，並提升自己快樂的原點。

胡扯規則 (Brule)：邏輯不通的常規。在種種世俗常規中，其中與個人世界觀不符合或不相關的常規，因而使人決定忽略或無視它的存在。

負面連鎖效應 (Negative spiral)：一種痛苦的狀態，不斷無法製造當下的快樂感，對未來也沒有願景。

破解文化 (Culture Hacking)：一種技巧能創造具有正面作用的文化，來改變一個團體（比方說工作場合上、公司同事間、學家）中所養成的文化（信仰和慣例）。藉由進行團體內的意識工程，讓成員一同成長，並促進工作效率。

底線 (Set points)：無法妥協的基準線，因為評估起來很輕鬆，所以有助衡量自己的狀態是維持現狀或有所成長。

現實認知 (Models of reality)：從親身經歷而有意或無意產生的信念，就好比是電腦的硬體。

最終目標 (End goal)：最終的目標或終點─通常以內心或感受來區別是否為最終目標。

開悟 (Satori)：覺醒後突如其來的正面個人成長。毫無預警地迸現而改變人生的見解，並能立刻將人生提升到更高層次的水平面。

超凡脫俗 (Transcendent practices)：優化後的生活系統，能豐富我們的

心靈與精神，進而帶領我們超越一般或純粹物理上的人類經驗。作法包含了練習感恩、冥想、同理心和祝福。

運算思維 (Computational thinking)：為開放式問題找出解答的過程。由於開放式問題的諸多變數，需要透過分解問題、數據呈現、歸納運用模式及演算法來找出完整且具有意義的答案。

意識工程 (Consciousness engineering)：一種優化的學習和破解世俗常規的方法，讓我們能意識到自己是否有意無意間，可能接納了各種世代傳承下來的現實模式及生活系統。

回頭便能看見快樂 (Reverse gap)：正如丹·沙利文 (Dan Sullivan) 的解釋，是過去到現在之間的距離（或空間），以及這當中所發生的大小事情─這是練習感恩的最佳角度，讓你從過去看看現在的成就，進而製造快樂的感受。然後大部分的人都是往前看（想從未來裡找到快樂）。

當下現實陷阱 (Current reality trap)：一種情緒狀態，你雖然會感覺到當下的快樂，但卻對未來沒有願景。這個狀態能帶給你短暫的幸福感，但無法帶給你成就感。

萬物微粒理論 (Godicle Theory)：這個理論認為人類都是神或宇宙崇高力量創造出來的粒子，因此我們都具有神一般的變通現實的能力。

意義製造機 (Meaning-making machine)：人類大腦裡的一種構造。它為各種隨機情況加諸意義，甚至包含那些不具意義的情況。

腦部網狀刺激系統 (Reticular activating system，簡稱為 RAS)：負責行為模式的一種腦部結構。部分超凡脫俗的作法是利用腦部網狀刺激系統，來發覺生活中的優點，多過注意其他不足之處。

瞎忙陷阱 (Do-do trap)：一種極為忙碌的狀態，致使人們無暇退一步思

考做某件事情的原因和方式。

變通現實 (Bending reality)：一種想法，意思是我們的意識形態可以形
　　塑周遭環境，且運氣是由自己掌控。

參考資料

第1章 勇敢突破陋習

- "Adult Obesity Facts."Centers for Disease Control and Prevention. Page last reviewed:September 21, 2015. http://www.cdc.gov/obesity/data/adult. html (accessed December22, 2015).

- "Bill Gates, Founder and Technology Advisor."www.microsoft.com http:// news.microsoft.com/exec/bill-gates/ (accessed August 13, 2015).

- Gates, Bill."About Bill."Gatesnotes (the blog of Bill Gates). www. gatesnotes.com. http://www.gatesnotes.com/GlobalPages/bio (accessed August 13, 2015).

- Gregoire, Carolyn."Happiness Index: Only 1 in 3 Americans Are Very Happy, Accordingto Harris Poll."*The Huffington Post,* Posted: June 1, 2013, Updated: June 5, 2013. http://www.huffingtonpost.com/2013/06/01/ happiness-index-only-1-in_n_3354524.html(accessed November 29, 2015).

- Harari, Yuval Noah. *Sapiens.* New York: HarperCollins, 2015.

- Holland, Kelley."Eight in 10 Americans Are in Debt: Study. CNBC Personal Finance, July 29, 2015. http://www.cnbc.com/2015/07/29/eight-in-10-americans-are-in-debt.html(accessed December 22, 2015).

- Loria, Kevin."No One Could See the Color Blue Until Modern Times."Business Insider, February 27, 2015. http://www.businessinsider.

com/what-is-blue-and-how-do-we-seecolor-2015-2 (accessed August 10, 2015).

- "Marriage & Divorce."American Psychological Association, Adapted from the *Encyclopedia of Psychology*, n.d. http://www.apa.org/topics/divorce/ (accessed November 29, 2015).

- Smith, Chandler."Gallup Poll: 70% of Americans Hate Their Stupid Jobs." RYOT, 2 years ago. http://www.ryot.org/gallup-poll-70-americans-disengaged-jobs/376177 (accessed November 29, 2015).

第 2 章　別再抱著過時觀念不放

- Bryant, Adam."In Head-Hunting, Big Data May Not Be Such a Big Deal."*New York Times,* June 19, 2013. http://www.nytimes. com/2013/06/20/business/in-head-huntingbig-data-may-not-be-such-a-big-deal.html?_r=1 (accessed December 18, 2015).

- Friedman, Thomas L."How to Get a Job at Google."*New York Times*, Sunday Review, February 22, 2014. nytimes.com/2014/02/23/opinion/ sunday/friedman-how-to-get-ajob-at-google.html?hp&rref=opinion&_r=1 (accessed August 30, 2015).

- Harari, Yuval Noah. *Sapiens*. New York: HarperCollins, 2015.

- Marsden, P."Memetics and Social Contagion: Two Sides of the Same Coin?"*Journal of Memetics—Evolutionary Models of Information Transmission*, vol. 2., 1998. cfpm.org/jom-emit/1998/vol2/marsden_p. html.

- "Original sin."merriam-webster.com, n.d. (accessed November 14, 2015).

- "Our Founder."dekaresearch.com, n.d. (accessed November 14, 2015).

- Ravo, Nick."Our Towns; From L. I. Sound, A New Nation Asserts Itself."*New York Times*, April 22, 1988. nytimes.com/1988/04/22/nyregion/our-towns-from-li-sound-anew-nation-asserts-itself.html (accessed August 26, 2015).

- Sanchez, Hanna."Ernst and Young Removes College Grades from Recruitment Criteria, Saying It Does Not Guarantee Success Later in Life."iSchoolGuide, September 29, 2015. ischoolguide.com/articles/27528/20150929/ernst-young-college-gradesrecruitment-criteria-success.htm (accessed December 23, 2015).

- Urban, Tim. "The Cook and the Chef: Musk's Secret Sauce." waitbuywhy.com, November 6, 2015. waitbutwhy.com/2015/11/the-cook-and-the-chef-musks-secret-sauce.html (accessed November 22, 2015).

- "Vision & Mission."usfirst.org, n.d..usfirst.org/aboutus/vision (accessed November 14, 2015).

第 3 章　意識的鍛鍊工程

- Crum, Alia J., and Ellen J. Langer. "Mind-set matters: Exercise and the placebo effect."*Psychological Science* 18, no. 2:165-17. 2007. dash.harvard.edu/bitstream/handle/1/3196007/Langer_ExercisePlaceboEffect.pdf?sequence=1 (accessed August 26, 2015).

- Shea, Christopher. "Mindful Exercise." *New York Times* Magazine, December 9, 2007.nytimes.com/2007/12/09/magazine/09mindfulexercise.html?_r=0 (accessed August 26, 2015).

• Steineckert, Rachael. "Achuar Rituals: Nurturing a Connection with Pachamama."Pachamama Alliance, September 9, 2014. pachamama.org/blog/achuar-ritualsconnection-pachamama (accessed August 26, 2015).

第 4 章　重塑你的現實認知

• Crum, Alia J., and Ellen J. Langer."Mind-set matters: Exercise and the placebo effect."*Psychological Science* 18, no. 2:165-17. 2007. dash. harvard.edu/bitstream/handle/1/3196007/Langer_ExcersisePlaceboEffect.pdf?sequence=1 (accessed August 26, 2015).

• Dewey, PhD, Russell A."Psychology: An Introduction."Psych Web, 2007–2014. intropsych.com/ch15_social/expectancy.html (accessed September 16, 2015).

• Epstein, Greg M. *Good Without God.* New York: William Morrow, 2010.

• Feloni, Richard."Branson: Wild Parties Are Essential to a Company's Success."Business Insider, January 1, 2015. businessinsider.sg/richard-branson-on-the-importance-ofparties-2014-12/#.VlyzPXtu7Io (accessed November 30, 2015).

• Moore, Thomas. *A Religion of One's Own*. New York: Avery, 2014 (reprint edition).

• Silberman, Steve."Placebos Are Getting More Effective. Drugmakers Are Desperate to Know Why."*Wired*, August 24, 2009. archive.wired.com/medtech/drugs/magazine/17-09/ff_placebo_effect?currentPage=all (accessed November 14, 2015).

• Talbot, Margaret."The Placebo Prescription."*New York Times* Magazine,

January 9, 2000. nytimes.com/2000/01/09/magazine/the-placebo-prescription.html (accessedAugust 26, 2015).

- Turner, PhD, Kelly."The Science Behind Intuition."*Psychology Today,* May 20, 2014. psychologytoday.com/blog/radical-remission/201405/the-science-behind-intuition (accessed August 26, 2015).

第 5 章　升級自己的生活系統

- Jensen, Bill. *Future Strong*. Carlsbad, California: Motivational Press, 2015.

第 7 章　幸福紀律的練習

- Achor, Shawn. *The Happiness Advantage*. New York: Crown Business, 2010.
- Baumeister, Roy F., Kathleen D. Vohs, Jennifer L. Aaker, and Emily N. Garbinsky."Some Key Differences Between a Happy Life and a Meaningful Life."Forthcoming. *Journal of Positive Psychology*. faculty-gsb.stanford.edu/aaker/pages/documents/somekeydifferenceshappylifemea ningfullife_2012.pdf (downloaded October 8, 2015).
- "Item 5: My Supervisor Cares About Me."Business Journal, gallup.com, April 19, 1999. gallup.com/businessjournal/493/item-supervisor-cares-about.aspx (accessed November 8, 2015).
- Owen, Jo. *The Mindset of Success*. London: Kogan Page, 2015.
- Robbins, Ocean."The Neuroscience of Why Gratitude Makes Us Healthier."*Huffington Post*, November 4, 2011, Updated January 4, 2012.

huffingtonpost.com/ocean-robbins/having-gratitude-_b_1073105.html
(accessed October 6, 2015).

- Sullivan, Dan."Escape 'The Gap'"! Coach Insider, Strategic Coach, n.d.
  private.strategiccoach.com/enews/ci_gap20130117.html (accessed
  December 26, 2015).

- "12: The Elements of Great Managing." gallup.com, n.d. gallup.com/
  press/176450/elements-great-managing.aspx (accessed November 8,
  2015).

- Wagner, Rodd, and Jim Harter."The Fifth Element of Great
  Managing."*Business Journal*, adapted from *12: The Elements of Great
  Managing*, gallup.com, September 13, 2007.gallup.com/
  businessjournal/28561/fifth-element-great-managing.aspx (accessed
  November 8, 2015).

第 9 章　成為所向披靡之人

- "How to Love Yourself"training by Kamal Ravikant with Vishen Lakhiani.
  Consciousness Engineering Program. 2014.

- "Unleash Your Intuition"training by Sonia Choquette with Vishen
  Lakhiani. Consciousness Engineering Program. 2014.

- Wilber, Ken. *The Essential Ken Wilber.* Boulder, Colorado: Shambhala,
  1998.

第 10 章　活出專屬你的意義人生

- Gilbert, Elizabeth. *Big Magic.* New York: Riverhead Books, 2015.

- "The Friendly Universe with Michael Beckwith"training by Michael Beckwith with Vishen Lakhiani. Consciousness Engineering Program. 2015.
- "Meditation for Performance"training by Emily Fletcher with Vishen Lakhiani. Consciousness Engineering Program. 2015.

人生工具箱

- Carson, J. W., F. J. Keefe, V. Goli, A. M. Fras, T. R. Lynch, S. R. Thorp, and J. L. Buechler."Forgiveness and Chronic Low Back Pain: A Preliminary Study Examining the Relationship of Forgiveness to Pain, Anger, and Psychological Distress. *The Journal of Pain*, vol. 6, no. 2 (2005): pp. 84–91.
- Gregoire, Carolyn. "Kindness Really Does Make You More Attractive."*The Huffington Post*, updated October 30, 2014.
- huffingtonpost.com/2014/10/29/kindness-attractive_n_6063074.html (accessed December28, 2015).
- Jacobs, Tom."The Tangible Benefits of Forgiveness."Pacific Standard, January 6, 2015. psmag.com/books-and-culture/tangible-benefits-forgiveness-97627 (accessed December 28, 2015).
- Westervelt, Amy."Forgive to Live: New Research Shows Forgiveness Is Good for the Heart."Good, August 25, 2012. magazine.good.is/articles/forgive-to-live-newresearch-shows-forgiveness-is-good-for-the-heart (accessed December 2, 2015).

國家圖書館出版品預行編目資料

活出意義：10 項讓人生大躍進的卓越思考 / 維申・
拉克亞尼（Vishen Lakhiani）作 . -- 初版 . -- 臺北
市：三采文化，2019.04 -- 面；公分 . --（Mind
Map；183）
譯自：The Code of the Extraordinary Mind：10
Unconventional Laws to Redefine Your Life and
Succeed On Your Own Terms

ISBN 978-957-658-138-0（平裝）
1. 自我實現 2. 成功法

177.2   108003253

◎封面圖片提供：
rdonar ／ Shutterstock.com

suncolor
三采文化集團

Mind Map 183

活出意義
10 項讓人生大躍進的卓越思考

作者｜維申・拉克亞尼 Vishen Lakhiani　　譯者｜曾婉琳
企劃主編｜張芳瑜　責任編輯｜蔣羽筑　校對｜黃薇霓
美術主編｜藍秀婷　封面設計｜張惠綺　內頁排版｜曾綺惠

發行人｜張輝明　總編輯｜曾雅青　發行所｜三采文化股份有限公司
地址｜台北市內湖區瑞光路 513 巷 33 號 8 樓
傳訊｜TEL:8797-1234　FAX:8797-1688　網址｜www.suncolor.com.tw
郵政劃撥｜帳號：14319060　戶名：三采文化股份有限公司
本版發行｜2019 年 4 月 26 日　定價｜NT$420